クリ活2

プランニング・コピーライティング編

目次 Contents

はじめに

この本は、
広告など何かをつくることに興味がある人向けの本です。
この仕事に就きたい！がぼんやり決まっている人、
どんな仕事が自分に合っているかわからない人、どちらにもオススメです。

皆さんは、将来に迷っていたり不安だったりするはずです。
だからこの本を手にとっているはず。
なんて偉そうに言っていますが、僕も不安でした。

特筆する実績もなく明確なビジョンもなく、
どんな仕事が向いているのかもわからない平凡な学生…。
たまりゆく漠然とした不安…。
ところが、あるきっかけで広告業界を知り、
ここなら自分にも面白いことができるかも？
と思えて、少し不安が晴れたのを覚えています。

今、広告ってそう見えているのだろうか？

アートディレクション・デザイン編の著者の井本さんから
この本のご相談をいただいた時に思ったことです。

広告業界に入って約10年。
デジタルの浸透で状況は大きく変わりました。
ＣＭなどマス広告がメインの世界だったのが、
なんでもござれの異種格闘技戦の世界になりました。

ものすごく自由です。むしろ自由すぎて困るくらいに。
課題解決のためなら、映像でも、コピーでも、イベントでも、
何をやってもいい。スポーツをつくってもいい、会社をつくってもいい。
課題解決に限らず、ゲームをつくってもいい、映画をつくってもいい。
正直めちゃくちゃ楽しいです。

常に、今が過去最高に自由です。どんどん自由になっている。
そういう場所では、どんな能力が花開くかわからないから
とにかく多様な能力を持った人が集まってきています。
広告のことを知らないのも大いに結構。
ずっと不老不死について研究していた人も向いているかもしれない。
それくらい自由で度量がある。
この業界は常に今が一番面白いはずなのです。

そんな業界であることを知ってもらいたくて、
この本をつくりました。
ページをめくるごとに、自由を体現している人たちの
それぞれの自由と信念と何者でもなかった学生時代の話が
飛び込んでくるはずです。

何者でもなかった若者が、何者かになるまで。
そこにある思いや、これからの広告に見いだす希望。

この本が、あなたの素晴らしい未来の
きっかけになるといいなと思っています。

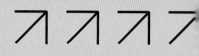

第一線の
クリエイターの就活

Job Hunting Histories of Top Creators

広告界のアレキサンダー大王と呼ばれる佐々木さんに始まり、どんな仕事でもホームランにする恐ろしい先輩たち、そして、広告の領域を拡張したり深めたりしていくオリジネーターの皆さんにお話を伺いました。伺ったのは、「学生時代〜社会人新人時代〜これから目指すこと」です。百花繚乱。今の広告の豊かさが伝わるのではないかと思います。

JOB H ... ATORS

-Interv
-Works
-Stude

P 06 P 51

21 TOP CREATORS

思い通りにいかなくても、
「かえって、よかった」と思うことで
新しい可能性への活路を見いだせる。

連
クリエイティブディレクター
佐々木宏 Hiroshi Sasaki

慶應義塾大学卒業後、1977年電通入社。新聞雑誌局に6年勤めた後に、クリエーティブ局に転局。2003年7月シンガタを設立。2016年にリオオリンピック・パラリンピック閉会式のフラッグハンドオーバーセレモニーを担当。2019年4月、ゆるやかな連帯をキーワードに連を設立。主な仕事に、「JR東海「そうだ京都、行こう。」、サントリーBOSS「宇宙人ジョーンズ」シリーズ、ソフトバンク「白戸家」シリーズ、リオオリンピック閉会式など。

ソフトバンク

サントリー

2014「STAND BY ME ドラえもん」製作委員会

全日本空輸

トヨタ自動車

今の仕事は
学生時代の延長線上

——自己紹介をお願いします。

　佐々木宏と申します。1977年に電通に入社し、最初は新聞雑誌局に配属され、転局試験を受けて28歳でコピーライターになりました。31歳でTCC賞を受賞し、34歳でクリエイティブディレクターに。コピーだけでなくグラフィックやCMも監修するようになりました。2003年に、競合プレゼンをやめようというコンセプトで元博報堂の黒須美彦さんとシンガタを立ち上げ、さらに2019年に連を一人で立ち上げました。肩書はずっとクリエイティブディレクターで、現在66歳でまだ一応現役です。

　基本的に長いお付き合いのクライアントが多いですね。サントリーとは30年の付き合いです。リザーブというウィスキーの商品開発・パッケージ・CMを手がけたのがきっかけで、そこからBOSSを27年やっています。宇宙人ジョーンズシリーズは16年ですね。JR東海は26年前から10年ほど担当していました。トヨタ自動車は約34年。3.11の後のReBORNというキャンペーンで、ビートたけしさんと木村拓哉さんに東北ドライブをしてもらうCMや、ドラえもんを実写化したCMなどを手がけました。ソフトバンクは18年前に孫正義さんにお会いしてから、ブラッド・ピットやキャメロン・ディアスを起用したブランド広告を担当しました。白戸家のCMははじめて15年になります。樹木希林さんを起用した富士フイルムの正月広告「お正月を写そう」も20年やっていました。

　広告一筋でその他の仕事にあまり興味がありませんでしたが、ひょんなことからイベントのお仕事もするように。8年前に秋元康さんから声をかけられて、東京国際映画祭のプロデュースをしました。それと、リオオリンピック閉会式の「ハンドオーバー」。東京・渋谷の真ん中から安倍マリオがリオまで土管を通してワープしたあの演出にも関わりました。他にはドラえもんの映画『STAND BY ME』の宣伝大使を務めて、映画を浸透させるためのキャンペーンを1年かけて行いました。今はソフトバンクで、ドラえもんのCMをやっています。

——学生時代について教えてください。

　生まれは九州熊本、その後は東京を経て、小学3年で北海道釧路と転校人生。中2で東京に転校し、田舎者だけど勉強についていけるかなと不安に思っていたら、模試で都内1位に。しかしその時が頂点でした。で、あとは転落（笑）。その後父が亡くなって、家庭内はバタバタして成績は落ちる一方でした。大学受験でなんとか慶應に受かって、大学では勉強したというよりも要領よく優秀な人のノートを集めていました。

　また、ずっと自分のアイデアを実現させることを楽しむ学生時代でした。原体験でいうと、自ら色々な雑誌を切り抜いて宝島という雑誌をつくったりしていましたね。編集後記も書いたりして。大学でも放送研究会に入り、三田祭実行委員会などで、三田祭で基本的に自分がリーダー格になって、好きなことをやりたいと考えるほうでした。今考えると恥ずかしいですが。思い返すと、今の仕事は全部これらの延長線上ですね。学生時代の友人に会うと、「お前のやっていること昔から変わらないな」とよく言われます。

——どんな就職活動をしましたか？

　ずっと自分のアイデアを実現させることが好きで、さらに大のテレビ好きだったのもあり、大学生になってからはテレビ局に入りたいと思っていました。アカデミー賞や紅白歌合戦、レコード大賞などのアワードやバラエティがことさら好きでした。そのためにマスコミ系のゼミや放送研究会に入ります。テレビ局に入れなかったら就職浪人をする覚悟でした。しかし就職氷河期で、その年のテレビ局の制作部門の募集は0人。そのタイミングで電通の会社案内に仕事内容の一部として「テレビ番組企画制作」と書いてあったのを見つけ、電通も受けることに。しかしここでハプニングがありました。午前の通常の就職試験が終わった後に、クリエイティブ職志望者は午後から適性試験があり、私は制作の部署に行きたかったので当然受けました。そこで一番早く終わって意気揚々と会場を出たのですが、間違えて解答用紙をかばんに入れて就活仲間と飲みに行ってしまったのです。そこで気づいて慌てて戻ったのですが受理され、電通には内定したものの、クリエイティブ職の試験は不合格になってしまいました。

20年ごとに環境を変える。
終身雇用のない時代に
学生に知ってほしいこと

——電通に入社してからのことを教えてください。

　入社して最初に配属されたのが新聞雑誌局でした。テレビのほうが楽しそうと思っていましたし、訃報広告をとるのが新人の仕事と言われていたため、入る前は「新聞雑誌局だけは嫌だ」と周りに吹聴していました。これだけ吹聴すれば流石に大丈夫だろうと思っていたら、まさかの新聞雑誌局へ配属。配属発表の時に爆笑が起きました。しかし入ってみると良い場所でしたね。体育会系の人ばかりの部署で、また当時大手広告主が毎日のように15段広告を何ページも掲載していたのもあり、忙しいし活気がありました。仕事が終わると4人しかいない新人の争奪戦で、毎日先輩に飲みに連れて行ってもらい楽しかったです。

　2年目に雑誌のセクションへ異動になりました。同じ局内でしたが、新聞セクションはラグビー部などの体育会系ばかりなのに対し、雑誌セクションはテニス同好会やスキー同好会などのオシャレな人ばかりでした。青山で合コンをしたり、休日はスキーに行ったり、大学の延長みたいな雰囲気で楽しかったです。仕事では、若手はマイナー雑誌を任されました。普通は広告をとりにくい媒体でしたが、周年記念の企画などを行い、タイアップで広告をとっていました。徳間書店の『アニメージュ』を担当した際も、アニメの世界は声優などに異常なほどのファンがいることを知り、読者ファンを集めたイベントを武道館で

トヨタ自動車　　　　　　　　　　　　　　　　　　　　　　　　　JR東海

ることを企画しました。この時に大げさな企画書をつくったらたくさんの協賛がとれ、企画の重要性を実感しました。

転機になったのは、小学館『写楽』の企画に関わった時です。写楽の1周年記念企画として、読者投稿の写真を使ってコピーライターとデザイナーが広告をつくる、ということをやりました。この時デザイナーの浅葉克己さんやコピーライターの仲畑貴志さん、糸井重里さんなど、有名クリエイターに協力してもらいましたが、このタイミングでふと自分が制作をやりたかったことを思い出しました。そうこうしているうちに回覧板的にクリエーティブ転局試験の案内が回ってきて、受けてみたら合格しました。雑誌局は楽しかったですが、制作をやりたいという思いも強く、転局を決意。第1クリエーティブ局に配属されました。

しかし当時の第1クリエーティブ局の私の部は失礼ながらおじさんばかり、競合プレゼンに負けてばかりのどんよりした部でした。救ってくれたのが、スタークリエイターの大島征夫さん。当時やることがなくて、ダジャレコピーを短冊に書いてデスク周りに貼っていたのですが、たまたま来た大島さんがそれを見て「面白いねえ」って。その後角川書店の仕事でアサインされるようになりました。その時つくったのが、「ゴホンといったら角川ノベルズ」というのど飴みたいなコピーで、薬箱の中に文庫本が入っている、というものでした。

これが角川春樹さんに気に入っていただき、広告賞も受賞しました。それ以降、大貫卓也さんと谷山雅計さんがいる博報堂のスターチーム宮崎チームとの競合はずっと続きました。

随分と大島さんに下駄を履かせてもらいましたね。周りからも「大島さんが『見込みがある』と言っているならそうなのだろう」と思ってもらい、何も力も実績もない頃に色々な仕事が回ってくるようになりました。その後、サントリーやJR東海など、冒頭で説明したようなクライアントを長い間担当するようになりました。

──仕事をする際に意識していることを教えてください。

20年おきに環境をガラッと変えています。大変だけど楽しいです。電通を辞めて「シンガタ」を設立したのが1回目の環境変化。チームのシンガタから、個人が連携する「連」を設立したのが2回目の環境変化です。普通はキャリアを重ねると一緒に仕事する人も年を取ってしまいがちですが、私の場合は環境を変えてリセットしているので逆に周りも若返っています。最近はこの歳でCHOCOLATEの栗林和明くん（38ページ参照）と仕事をすることもあります。

また「広告は広く喜ばれないといけない」ということも意識しています。

クライアントが言った通りではなく、クライアントに「ここまで考えて提案してくれるなんて」と言わしめるぐらいのプレゼンを提案します。1回のプレゼンで10年分のシリーズを提案したこともあります。思いの丈をガーッと話して、30分のプレゼンが1時間半になることもありました。オリエンをまず受け入れ、相手の真意をくみ取ったうえで、一ひねりの意外性を加える提案を意識しています。クライアントの予想通りのものではなく、クライアントの予想を超えることでクライアントを喜ばせたいですね。さらに、通った企画をそのまま制作すると意外とつまらないものになってしまうことも多い。だからゼロから考えるくらいにしつこく粘ります。「まだ全然ダメだと思う」が口癖で、自分とスタッフにプレッシャーをかけてきました。どうせやるなら「喜ばれるだけではなく、絶賛されたい」「奨励賞ではなくグランプリを取りたい」と常に良いものをつくるために粘っていました。

広告は、人や企業や社会に
"発破をかける力"がある

──学生へのメッセージをお願いします。

私はずっと逆境をバネにしてきました。

不運を「かえって、よかった」と常に思うようにしています。テレビ局に行きたかったけど行けなかった。新聞雑誌局には行きたくなかったのにまさかの新聞雑誌局配属。ようやくクリエーティブに異動になっても、イマイチの部に配属。それらの不運も全て「かえって、よかった」と思うようにしています。そう思ったほうが自分への慰めにもなるし、新しい可能性への活路を見いだせる。実際に、テレビ局に入れなかったから電通に入れたし、イマイチな部で腐っていたから、大島さんと出会えた。中途半端に恵まれていたら、今の自分はいないと思っています。人生だけでなく広告の仕事でも同じです。例えば、9.11が起きて、当時企画していたBOSSとANAのコラボ広告が中止になりました。しかしその後の正月広告のプレゼンで、この時代だからこそあえて「ニューヨークへ行こう」とANAに提案しました。提案は通り、実施されることに。「ANAはこういうふうに立ち直るべきだ」と役員室で拍手が起きたらしいです。3.11の時は、テレビ局はヘルメットかぶりながら必死に放送しているのに対して、広告業界は自粛ばかりで情けないと感じました。何かをやらねばと思い、サントリーの「歌のリレー」を企画しました。災害が起きたことは悲しいことです。それでもこういう時にこそできることは何かを考えた時に、広告は人々が希望を持つための発破かけ役になれるのではないかと思っています。

2020年は色々なことが起きて、学生も大変だと思います。その時に「かえって、よかった」の精神でいてほしい。「楽しいことができなくて可哀想」でおしまいではなく、その分いままでにない楽しみを見つけるべきだと思います。思い通りにならないシチュエーションになるかもしれないけれど、そこから何を見いだすかが重要です。コロナによって失われるものというよりかは、コロナによって変わるものを見つけ、そういうことを楽しむというのが「withコロナ」なのだと思います。

——どんな学生に広告業界に入ってもらいたいですか？

「ずっと広告に憧れてきました」みたいな人よりも、建築や医療など遠い領域から来た人のほうが、落差があって広告業界を活性化させると考えています。「どこから来たんだ」「なんで広告業界にいるんだ」みたいな逸材を待っています。吉本で頭角を現したお笑い芸人や、人に向き合って助けようとしてきた医者、看護師、レスキュー隊員などなど。皿洗いをやっていましたとか、演歌をやっていましたとか。官僚を目指していたような人にも来てほしい。なぜなら、これからAIがほどほどのものはつくってしまうからです。そのため、AIにできないようなことができる変人、一芸に秀でた人が必要だと思います。ちゃんとした人が数人いれば会社は回るので、残りは多種多様な人で構成されていたほうが、瞬発力のある会社になると思っています。

——最後に、学生に伝えたい広告業界の魅力はありますか？

広告はものすごく世のためになる仕事だと思います。広告は経済と結びついていて、経済を活性化させるだけではありません。コミュニケーションの力で色々なものをポジティブに活性化させ、落ち込んでいる人に希望や潤いを与えることができます。例えばNikeの「Just Do It.」は、スポーツの葛藤の延長線上にある女性差別や黒人差別などの世の中への怒りに発破をかける役割をもっています。Appleの「Think different.」は、同じものをつくって満足するのではなく、常に他と違うものをつくろうという力を宿しています。

また、世の中を変える企業を応援することができるという魅力もあります。UNIQLOが出てきたおかげで、それまでは金持ちしか良い服を買えなかったのが、2000円を出せばある程度質の良い服を買えるようになりました。このように、企業をコミュニケーションの領域から応援することで、世の中がどんどん変わっていく。そういうことに直接関わることができるのが、広告の仕事の魅力です。

今は科学技術が急激に進歩して、ドラえもんの夢物語だったことが可能になり始めている時代です。この人間と地球の変化のタイミングに、広告はすごく大事な役割を担っていると私は考えています。人にとって助けになったり、経済が活性化したりする、新しいモノ・コトを伝えるのが広告です。ガラケーで大丈夫という人がスマホを手に取ったり、SNSをやったことのない人がLINEをやってみたり、Amazonも使ったことがない人がUber Eatsを使ってみたり。知らなかったものや食わず嫌いだったものを伝えることで、世の中が変わり、人の人生を変えることができます。

弱みを強みにスイッチ。
コンプレックスこそが
自分の武器になる。

電通
クリエーティブディレクター/CMプランナー
東畑幸多 Kota Tohata

1975年、東京都生まれ。慶應義塾大学環境情報学部卒。1999年に電通クリエーティブ局に配属。多数のCM制作に携わる。主な仕事に、Honda「ONE OK ROCK×HondaJet『Go, Vantage point.』」編、サントリー天然水「宇多田ヒカル 水の山行ってきた。」、JR九州「THE 250km WAVE（祝！九州縦断ウェーブ）」、GINZA SIX「椎名林檎 目抜き通りへ」など。

ONE OK ROCK×HondaJet「Go, Vantage Point.」編／本田技研工業

THE 250km WAVE（祝！九州縦断ウェーブ）／九州旅客鉄道

平凡な自分を変えたくて、
韓国縦断に挑むも失敗

中学時代は、時間があれば一人で映画やテレビを見る日々でした。その頃から将来映像に関われたらいいな、と漠然と考えていましたね。1994年、映像をつくる授業を受けられるという理由で慶應義塾大学環境情報学部に進学。ドキュメンタリー映像を編集する比較メディアと韓国語の授業には力を入れていました。

当時はテレビ番組『進め！電波少年』（日本テレビ系）の猿岩石や、ドラマ化もされた沢木耕太郎の小説『深夜特急』（新潮文庫）が人気で、空前のバックパッカーブーム。平凡な自分を変えたいという思いで、大学2年の時にソウルから釜山まで歩いて縦断に挑戦しました。ただ600kmを歩くのは、想像以上に大変で、1年目は失敗。翌年にリベンジしました。4年の時には、大学を休学して、アジアを1年間バックパックで放浪もしました。

社会人になったらできないであろう長期の旅は、無駄と余白だらけの、振り返ってみれば、贅沢な時間でした。タイとラオスの国境で、証明写真を持っておらず、プリクラで許してもらったこと。インドの列車でうたた寝をして、起きたら履いていたはずのスニーカーがなくなっていたこと。社会人になってから役に立ったかは微妙な経験ですが、毎日ドキドキしていたからこそ、忘れられない時間になったと思います。社会人になっても、そんな「ずっと胸に残る時間」を、1分でも増やしていきたいと思うようになりました。

面接では、
これからのメディアの
変化について語った

第一志望はテレビ局や映像制作会社。あとはウエディングプランナーも。人を喜ばせることやお祭り的なことが好きなのでしょうね。会社概要を見て、そこが自分に向いているかどうかの判断はものすごく早かったです。直感で、楽しそうだな、すてきだなと思う企業に的を絞っていました。

テレビ局はいいところまで進んだものの全滅。その後、広告業界にシフトチェンジし、最初に電通から内定をもらったので、そこで就職活動は終了しました。面接では、韓国縦断に挫折した時の電車から見た景色が忘れられなかったという話や、当時創成期だったインターネットの話をよくしていました。メディアとインターネットが絡んだら絶大なパワーを発揮するという私見について語った記憶があります。面接官があまりネットについてわかっていなさそうだったので "わかっています感"を出して（笑）。

6年間のスランプ。
コンプレックスを武器に

入社後、希望通りクリエーティブ局に配属。コピーライター兼CMプランナーになりました。しかし、順風満帆というわけではなく、むしろ完全に挫折組。というのも、これまで本もあまり読んでいなかったからか、文章を書くことに苦手意識があり…。さらに上司とウマが合わず、悩み続けたストレスからヘルニアになってしまいました。今振り返ると "悩む"という才能だけはありましたね（笑）。

スランプ状態から抜け出すまで、かれこれ6年くらいかかりました。抜け出したきっかけの一つが、親友の結婚式の「寿ビデオ」を制作したことです。それまでも寿ビデオは何度もつくっていましたが、式場でウケるためにつくっていた。つまり、自分が面白いと思われたかったのです。でもその時は、初めて新郎新婦を喜ばせるためにつくったビデオが式場でも評判になり、「あ、広告も一緒だ！」と気づかされました。

それ以降、"人に喜んでもらえるもの"というコンセプトで作品を手がけるようになりました。また、仕事をしていく中で自分の弱みが強みに変えられることに気づいてからは、作風も変わっていきました。コピーライティングが苦手だったのですが、人の心を動かすのに、コピーにこだわる必要はない。そう考えるようになってから、クライアントの課題に対してもっと素直にアイデアを考えられるようになりました。光は影がないと感じられないのと同じで、自分のコンプレックスや弱みを知ることは、同時に、自分の個性や強みを知ることでもある。実戦を通して、そんなことを学びました。

これからのクリエイターに
求められること。
ロマンとソロバン、
両方を持つ

今後はあらゆる産業でデジタル化が進み、広告もより効率化と最適化が求められることになります。数字で結果を出すことも大切ですが、数字にならないことの中にも、大切なことがある。これは、忘れてはいけないと思っています。ある商品の3カ月後の売り上げを考えると同時に、ブランドの10年後のことを考える。あるいは、より良い社会をつくっていくために、30年後のことを考える。「右手にソロバン、左手にロマン」、短期的視点と長期的視点の両方を持つことが、クリエイティブディレクターには求められると思います。

「人間が好き」
そんな人に向いている仕事

この仕事は、誰も見たことがない映像をつくる「創造力」よりも、誰かの気持ちに思いを馳せる「想像力」が必要だと思っています。だからこそ、人間に対する飽くなき好奇心がある人、「人間が好き」な人に向いている仕事だと思います。

人が何かを好きになる。そこには、理屈を超えた、感情が動いている。そんなロジックを超えた、マジックを起こすのが、クリエイターの仕事です。マジックを起こすために必要なもの。それは、「感動の記憶」です。自分の心が動いた瞬間を覚えておく。そして、なぜ心が動いたのかを分析する。そこには、人の気持ちを動かすヒントが隠されています。「クリエイティブディレクターになりたいけど、学生時代に何を勉強しておくべきか？」と質問されますが、やるべきことは一つ。様々な出会いや経験を通して、「感動の記憶」を一つでも増やしておくこと。「違和感の記憶」でもいい。これは、広告に限らず、あらゆるサービスやプロダクトを考える時にも、最も重要な武器になると思います。自分の好奇心を信じて、色々なことに挑戦してみてください。

広告業界は「幸福業界」。
これだけ人の幸せを考える仕事は
牧師さんか僕たちだけかも。

TBWA\HAKUHODO
エグゼクティブクリエイティブディレクター/コピーライター
細田高広 Takahiro Hosoda

1982年東京都生まれ。一橋大学社会学部卒業後、2005年に博報堂に入社。ロサンゼルスの広告会社TBWA\CHIAT\DAYを経て、2012年からTBWA\HAKUHODOに所属。現在、自動車・アパレル・スポーツ・金融・ビューティーなどのグローバルブランドにおいてクリエイティブの全体統括を務める。広告にとどまらず企業のビジョン開発、事業・商品・サービスのコンセプト開発も担う。これまでにカンヌライオンズ金賞、スパイクスアジアグランプリ、ACC TOKYO CREATIVITY AWARDS、クリエイター・オブ・ザ・イヤーメダリストなど国内外で受賞多数。

日産リブランディング

ニッサンパビリオン

HOW NOT TO DRIVE IN JAPAN/AIG

TACKLE THE RISK/AIG

世界と関わりたい、と考えた学生時代

通っていたのは社会学部で、必ずしも国際色の強い学部ではなかったのですが、いくつか所属していたサークルの中に国際交流サークルがありました。そのサークルは、ヨーロッパの学生と一カ月交換ホームステイをしてディスカッションするというもので、僕はドイツに行きました。当時ベルリンの広場の目の前にソニーのグローバル本社があり、そこで働くソニーの日本人社員がとてもカッコよく見えました。それがグローバルで働くことを意識した原体験ですね。その後、大学4〜5年でオランダに留学しました。オランダは物流の拠点なので、様々なグローバルカンパニーのヨーロッパ拠点がありました。そこで働く商社の人と交流した時に、「日本に閉じるのは嫌だなあ」となんとなく思いました。

「自分たちで情報をつくる」 ことへの憧れ

学部の同期はNHKや新聞社などマスコミ志望が多かったのですが、グローバルも意識して外資系のマーケ・コンサルに興味を持っていました。当初、広告業界を特別意識することはありませんでしたが、色々なインターンシップを受けていく中で博報堂と出会ったのです。インターンでお話を伺った社員さんたちから「自分たちで情報をつくる」「自分たちがコトの当事者になる」というプライドを感じました。マスコミはどこかで起きたニュースを伝える仕事ですし、メーカー内のマーケティング部門も人がつくったモノを世の中に伝えるというニュアンスが強い。広告業界には「自分たちが情報のつくり手になるんだ」という起点の意識があり、そこに魅了されました。

インターンに参加した後、就職活動をするかしないかのタイミングで交換留学が決まり、翌年オランダへ留学に行きました。帰ってきた大学5年生の夏には募集がだいたい終わっており、そこから受けられる会社を探さなくてはなりませんでした。留学生採用を行っている商社やメーカーは受けましたね。博報堂は、会社アドレスに「2003年のインターンに参加した細田です」とメールしたら採用担当の方が覚えていてくれて、秋採用のプロセスに乗せてもらいました。面接では、色々な企業を見ていく中で、自分が起点になって新しい情報をつくることができる業界は他になかったと話した記憶があります。

博報堂の他に商社などから内定をもらいました。グローバルで働くという「仕事の舞台」を選ぶか、情報の起点をつくるという「仕事の中身」を選ぶかで迷いましたが、美大卒の両親が唯一知っている会社だったという後押しもあって最終的に博報堂を選びました。

まさかのコピーライター配属で、 「つまらない」のつらさを知った

もともとはクリエイティブ志望ではなくて、マーケティング志望でした。マーケティングの研修課題の点数はかなり良くて、絶対にマーケティング配属になると思っていたら、まさかのコピーライター配属。後から聞くと一つの実験だったらしいです。広告の形がどんどん変わっていく中で、表現が好きな人だけではなく、もっと広い視点で戦略を考えることが好きな人が必要なのではないか。だからストラテジックプランナーの適性のある人をクリエイティブに入れてみようと。当時の僕は、この実験は大失敗だと思いました。「お前はつまらない」と言われることがこれほど傷つく、つらいことだとは思いもしませんでした。転機になったのは、先輩たちの言う「面白い」が「ファニー」ではなく、「他の人がまだ見てない視点」なのだとわかってきた時です。努力する方向さえつかめれば、何でも頑張れるものです。今となってはクリエイティブ配属で本当に良かったと思っています。初配属がマーケだったら、自分の性格的に手近な正解で満足する人になっていたかもしれません。クリエイティブの部署で、視野を広げて可能性を広く見渡す力が鍛えられました。

「クリエイティブ」を 「クリエイティビティ」に変えたい

グローバルで働きたいという気持ちは学生時代からあったため、米国のTBWA\CHIAT\DAYでの勤務を経て、現在はTBWA\HAKUHODOに所属しています。現在の仕事は大きく3つの領域に分かれます。1つ目は広告領域。日産・ユニクロ・AIG・アディダスなどグローバル企業の、広告・ブランド・体験をつくる仕事です。2つ目は商品開発領域。開発の現場で生まれる様々なアイデアを、生活者目線の商品コンセプトに翻訳します。3つ目は経営領域。経営者や経営企画の人と一緒に、会社をどうしたいか、ビジョンやミッションに落とし込みます。これら3つの領域に共通しているのは、もやっとしていることを言語化・物語化するということです。言葉や概念を見つけると、そこに喜びがある。コピーライティングで習慣づけられた「言葉にする」「物語にする」というスキルが、僕のクリエイティビティの基盤です。

TBWA\HAKUHODOは「クリエイティブエージェンシー」と言われています。直訳すると「制作物」代行業です。僕はこの「クリエイティブ」を「クリエイティビティ」に変えたいと考えています。制作物ありきではない、クリエイティビティ、つまり創造性の代理業。人と違う発想が欲しい、あらゆる瞬間に頼りにされる存在を目指しています。

向いているのは、 面白いことを見いだせる人

広告業界に向いているのは、面白いことを見いだせる人だと思います。反対に「バックパッカーやってました！」みたいな、やったことだけで満足している人はダメですね。それよりも「4年間ファストフードのバイトしかしてないけど、見つけた改善点が採用されてマニュアルが変わった」という人のほうが面白い。何をしたかよりも、その経験から何を見いだしたかのほうが重要だと思います。

広告業界は、ある意味「幸福業界」かもしれません。ネガティブなことを言ってはいけないし、必ず商品が人をどう幸せにするかを考えなければいけない。この制約が僕は好きです。これだけ人の幸福を考えている職種は、牧師さんか僕たちだけかもしれません（笑）。

クリエイティブの仕事は、
永遠にもぐもぐできる
味の消えないガムみたい。
ピークに年齢は関係ない。

Tang
クリエイティブディレクター/コピーライター
尾形真理子 Mariko Ogata

1978年、東京都生まれ。日本大学法学部新聞学科卒。2001年博報堂に入社し、2018年Tangを設立。LUMINEをはじめ、資生堂、Tiffany＆Co.、キリンビール、Netflix、FUJITSUなど多くの企業広告を手がける。朝日広告賞グランプリ、ACC賞ゴールド、TCC賞など受賞多数。『試着室で思い出したら、本気の恋だと思う。』(幻冬舎)で小説家デビュー。その他、歌詞の提供やコラムの執筆など活躍の場を広げる。

LUMINE2008年冬シーズン広告「試着室で思い出したら、本気の恋だと思う。」/ルミネ

LUMINE2014年秋シーズン広告「運命を狂わすほどの恋を、女は忘れられる。」/ルミネ

テレビCM「恋は、人生の宝物。」篇/Netflix

1円ももらえないのに
わざわざ面接で傷つきたくない

小さな頃から物を書くのは好きで、将来は何かを書く仕事がしたいと思っていました。大学では、的確に伝えるスキルを身につけたくて、客観的な文章の書き方を勉強。ポエムのような自己表現が中心の文章には、興味もモチベーションもないタイプでしたね。新聞社と雑誌社をかけ持ちでアルバイトしました。具体的には海外の新聞記事を翻訳したり、マドラ出版（広告批評の発行や広告学校の運営）で赤字校正をやったりしました。誰とも話さずにひたすら原稿を見比べ、黙々と添削していくのは性に合っていたようです。新聞社や出版社での経験を通じて、「卒業したら書く仕事に携わりたい」という気持ちが強くなりました。

学生時代に母とよく京都を旅行していたのですが、ある日JR東海の観光誘致キャンペーン「そうだ 京都、行こう。」のポスターがふと目に留まりました。写真がとても美しく、言葉もすてきで、一瞬心を奪われてしまい…。当時はこの言葉がコピーだということすら理解できていませんでしたが、広告業界に興味を持ち始めました。調べてみると、広告業界にもライターの仕事が存在。そこで初めてコピーライターという職業を知ったのです。

就職活動は、博報堂以外にテレビ局や出版社をエントリー。終始意識していたのは、"戦略的にならず、自分の身の丈に合った話をしよう"ということです。エントリーシートには、素直に面白いと思ったタバコ屋でのアルバイトのエピソードを書きました。そのタバコ屋は裏路地にあるにもかかわらず、多くの常連客がついていました。タバコは本来どこで買っても同じはず。最初は「なぜここでわざわざ？」と思いましたが、その答えがクリアに。お客一人ひとりの趣味嗜好（しこう）を覚え、相手が望んでいる商品をすぐ用意していたことが、大きな付加価値となっていたのです。ついには、ルーズソックスを履いて店頭に立っていた自分に、娘のことを相談しにくるおじさんまで現れて…。もはやタバコ屋の域を超えていますよね（笑）。面接では、

「広告は付加価値の最たるもの。そのアイデアを考えたいです」と話しました。

就職活動で落ちると、人間を全否定された気になりませんか。自分自身、給料をまだ1円ももらってない会社に落ちたからといって傷つきたくない！という気持ちが強くて。面接時には、どうすれば一方的に追い詰められることなくフラットな関係性でいられるか、を無意識に考えていました。今思えば生意気ですが、これが自然体で面接に臨めた秘訣かもしれません。就職活動は、博報堂から内定が出たタイミングで終了しました。

順風満帆ではなかった20代

入社後どころか、入社前からピンチでした。人事から「コピーライターになりたいと聞いたけど、適性テストの結果がまずかったらしいよ」と聞いて…。コピーライター以外でやりたい職種がなかったので、絶望しました。しかし他部署でニーズがなかったのか、結果クリエイティブで拾ってもらえ、コピーライターとしてキャリアをスタートできました。

自分は優秀ではないにしても、これから頑張ろうと思っていましたが、師匠は相当手を焼いたようです。周りの同期たちは優秀で勘所もよく、自分のコピーは面白い！というプライドを持っているように見えました。先輩たちの役割は新人の鼻を折って成長させることでしたが、「折る鼻がない」と言われる始末。朝から晩まで毎日のように叱られていましたね。「"どんな仕事でも、10年間、毎日休まずに続けたら、食べていけるぐらいにはなれる"という思想家の吉本隆明さんの言葉を今は信じよう。全否定の自分をどこか肯定できるまでやるしかない！」と言い聞かせ、切り替えていきました。

勘所がわかるようになるまでには、結構な時間がかかりました。ターニングポイントは、20代後半で手がけたTiffany & Co.の婚約指輪の仕事です。自分自身は、指輪よりも旅行を選ぶタイプで、いわゆる "いらない派"。そんなターゲットである自分が欲しいと思えないと、そのコピーは機能していないという事実に気づいたのです。今まではコピーライターという立場でどこか他人事で言葉

を書いていたけれど、自分が口説かれるパワーが、自分が書いたコピーにあるのか…。そんなジャッジする場面に出くわしたのはこれが初めてでした。

その後、入社10年目ぐらいで「コピーには役割がある。何かから何かへ動かす力、矢印になってないと、それはコピーではない」ということを認識するに至りました。

無色透明のはずが、染み出した色

最近印象的だったのはNetflixの仕事ですね。YOUさんに特殊メイクで83歳のおばあちゃんになってもらい、自身の恋愛を振り返るという作品を制作。すると、CMを見た高校時代の友人から「あれつくったの、まりちゃんでしょ」と連絡がありました。クライアントの課題に対して、個性など全く意識せず無色透明にものを考えていたつもりなのに、何かが染み出していると自覚したのです。この時のキャッチコピーは"無駄なラブストーリーなんて、ひとつもない"。染み出ていたのは「失敗もあらゆるものが糧となっていると、そう思ったほうがいいよね」という眼差し。改めて見返すと、過去の仕事にも近しい"人に対する眼差し"を感じるものが多くありました。

ずっと味わえるガムかも

20年近く仕事をしていても、まだ開けていない箱がいっぱいあります。いつまでたってもわからないことがあるからこそ、面白い仕事だなと感じます。広告賞の審査員の顔ぶれを見ても、2001年も今もほとんど変わらない。彼らはずっと最前線にいます。それはいいことで、いくらでも新たな発見ができるという証明にほかならない。また、クリエイティブの仕事は伸びしろだらけ。技能は鍛錬できるし、世の理を知るだけ成長ができる。そう考えるとピークに年齢は関係ない。世の中を見る視点が深まったり広がったりすると、作品づくりにダイレクトに活きます。この仕事を一言で表すと、永遠にもぐもぐできる"味のなくならないガム"なんじゃないかな（笑）。

髪型校則に問いかけたあの広告も、
学生時代の違和感と向き合い生まれた。
自分の心の声を見失わない人に
広告業界に来てほしい。

電通
クリエーティブディレクター/コピーライター/CMプランナー
細川美和子 Miwako Hosokawa

1976年宮城県築館町（現栗原市）生まれ。国際基督教大学卒。2001年電通入社。代表的な作品に、東京ガス「家族の絆」シリーズ、プロクター・アンド・ギャンブル・ジャパン
パンテーン「#この髪どうしてダメですか」、大王製紙アテント「#常識をぬりかえよう」、サントリーグリーン・ダ・カ・ラ「やさしいのかいちばん」、「smile Glico」あなたが笑うと、
世界は変わる。」、ニッセイ「小さな力は、大きな力だ。」など。

パンテーン「#この髪どうしてダメですか」/プロクター・アンド・ギャンブル・ジャパン

家族の絆「ばあちゃんの料理」篇/東京ガス

ロックに憧れていた学生が、旅がきっかけで文化人類学専攻に

高校の頃、学校でじっと座っていられなくなり、テストの日を除いてだんだんさぼるようになりまして。家で洋楽を聞いたり、ライブに行ったり、本を読んだりして過ごしていましたね。好きな作家は夏目漱石、村上春樹、村上龍、ガルシア・マルケス、トマス・ピンチョンなど。難しい本を手に取っては、「みんなロックだなあ」などと思っていました。

出席日数が足りるか足りないかの瀬戸際で大変だったのですが、洋楽と読書のおかげで英語と国語のテストの成績は良かったためなんとか進級。大学は、当時、思考能力を試すテストと英語・国語の論文のみで受験できた国際基督教大学に的を絞りました。受験ではあっさり落ちるのですが、暗記力よりも思考力を重視する姿勢に惹かれ、一浪の後入学に至ります。

大学生になっても、ひたすら本を読み、アルバイトに励む日々。そんな中、バックパッカーの友人や沢木耕太郎さんの『深夜特急』(新潮文庫)に感化され、お金を貯めてはタイ・ベトナム・中国などを旅するようになりました。お寺や、その土地ならではの祭事を見に行くことが多くありましたね。旅がきっかけで自分が民俗的なことや宗教的なことに興味があることに気づき、大学3年からは文化人類学を専攻しました。聞き取り調査やフィールドワークで、色々な人にお話を聞くことが楽しかったです。

偶然出会った広告が、文化人類学的だと気づく

民俗学を学ぶことがとても楽しかったので、大学卒業後は大学院に進み、学者になるつもりでいました。進学のための準備をしていた大学4年の夏、たまたま友人が誘ってくれたのが電通のインターンシップ「クリ塾」です。選考課題が「あなたが面白いと思う写真を6枚撮って送ってください」というものだったので、写真を撮る技術を教えてくれる学校だと勘違いしていました(笑)。「矛盾」というテーマを自分の中で決め、事象を仕込んで撮影したところ、選考を通過できました。

クリ塾では、意外にも成績が良くて。お題に対して、できるだけ意外で、誰も考えないような答えを出すという挑戦は、取り組むのが楽しかったですね。「面白いことを考えて、人に喜んでもらえて、さらにお金がもらえるなんて…！」と舞い上がり、だんだん広告の仕事に興味を持ちました。色々な人に会って話を聞けることが文化人類学的だという点にも惹かれ、大学院進学ではなく、広告会社一択で就職活動をすることにしたのです。

電通の選考にはSPIがありました。当時は入社には新卒資格が必要で、そのために留年までしていたので、ここで落ちるわけにはいかないと思い、苦手な数学を必死に勉強しましたね。他にも広告会社をいくつか受けましたが、電通から内定をもらい、就職活動を終了しました。

コピー、営業、CMプランナー。学んだこと

最初の3年はクリエーティブ局に配属。コピーライターとしてキャリアをスタートしました。毎年違うトレーナーについて学び、3年目には憧れのTCC新人賞を受賞。いよいよ4年目から独り立ちというタイミングで、営業への異動を言い渡されます。当時、1年は営業をするというルールがあったことは理解していたものの、正直ショックでした。営業をしている間に、コピーライターとして積み上げてきたものが消えてしまうのでは…と心配したものです。

営業時代は、クリエーティブ局では経験できない、経営企画やデータ分析などを担当させてもらいました。でも毎日何をしたらいいのかもわからず、周りの人に迷惑をかけ続けていましたね。この1年の経験で「自分はコピーライティングの腕を磨くしかない」という思いが一層強くなりました。クリエーティブ局に戻ってからはまさに背水の陣。必死になって頑張りました。

笑いの要素が強かった自分の作風に変化をもたらしたのが、東京ガスの「家族の絆」シリーズです。「泣けるCMを書いてみて」とクリエイティブディレクターに言われたことがきっかけで、自分の実体験を交えつつ、じーんとくるラジオCMを企画しました。この仕事で賞をもらい、クライアントからの評価も高く、テレビCMシリーズ

ズも制作することが決定。このシリーズがCMプランナーとしてのデビュー作となり、テレビ朝日「食彩の王国」の枠で、10年以上放送されています。

この経験を通じて体感したことは、個人的な物語こそが、長く人の心に残るということ。結果、クライアントが伝えたいメッセージが本当の意味で届き、広告のミッションを達成できるのでは、と気づくことができました。

本心で思うことが人の心を動かす

最近は「#この髪どうしてダメですか」というSNSのハッシュタグで社会問題を浮き彫りにしたプロクター・アンド・ギャンブル・ジャパン「パンテーン」のように"育っていく広告"を手がけたいという思いがますます強くなっています。広告の主人公は、商品やタレントではなく、生活者。人々の声に耳を傾け、消費されて終わるものではなく、長く深く蓄積できる広告を考えていきたいです。

また、自分の心の声と向き合うのも大切なこと。違和感に目を凝らし、耳を澄ます。当たり前を疑い、本音と向き合って見えてきたものがクライアントの課題と合致すれば、良い広告ができるはずだと信じています。実は、パンテーンの企画は、小学生の頃に抱いた「理由なく決められたルールに納得したら試合終了」という思いがベースにあります。本心で思うことを言語化・作品化すると、生活者が反応してくれるのだと、ひしひしと感じているところです。

ポジティブなビジョンで未来を動かしたい人に来てほしい

人の話に興味がある人、自分の心の声を見失わない人、大好きなことや夢中になれることがある人、そんな人が向いています。

人が共通の「思い」を持つと、かつてない大きなエネルギーが生まれます。例えば「フランス革命」も、当時の人々が共通して持っていた「人権への思い」が、それまでありえなかった方向に歴史を動かした出来事です。小さなエネルギーを集めて、未来を良くしていけることが広告の力だとも思っています。ポジティブなビジョンを持っている方と一緒に働きたいですね。

アウトプットの形が無数になった広告。
やりたいことが一つに絞れない人ほど
向いている。

電通
CMプランナー/クリエーティブディレクター
佐藤雄介 Yusuke Sato

1984年生まれ、東京都出身。日本大学芸術学部放送学科卒業。2007年電通入社。2017年度、史上最年少でクリエイター・オブ・ザ・イヤー受賞。ACC TOKYO CREATIVITY AWARDS、ADC賞、TCC賞、TCC新人賞、ニューヨークADC賞金賞、広告電通賞、ヤングカンヌフィルム部門メダリスト、AD STARSグランプリ、アジア太平洋広告祭金賞など。

カップヌードル「HUNGRY DAYS サザエさん篇」/
日清食品 ©長谷川町子美術館

カップヌードル「HUNGRY DAYS 魔女の宅急便篇」/
日清食品

かわいい味噌汁 原宿味/マルコメ

ポカリスエット「エール」篇/大塚製薬

大学生活は、
もんもんとしていた
高校時代のリハビリ

小学生の時には放送委員会に所属していました。給食の時間に15分ほどのラジオドラマをつくって流したところ、評判は上々。1年生の後輩からサインを求められたこともあります（笑）。生徒会に所属したり学級委員を務めたりと、当時から企画をすることは多くありましたね。

しかし、高校の時から反抗期に突入。「みんなと一緒のことをやるのはダサい」と思うようになり…。学校をサボることもありました。大学も行く必要あるのかな？と考えていたところ、先生から美大への進学を提案されました。ただ、僕は絵が苦手だったので、絵の実技試験がない、日本大学芸術学部の放送学科へ進みました。

大学生活は高校時代のリハビリのような日々でした。1年次は、友人と遊ぶために学校に行っているようなものでしたね。高校時代から海外のミュージックビデオなどに興味があったので、映像制作にもチャレンジ。撮影や編集などに携わる中で、「自分は監督よりも企画が向いている。CMプランナーになりたい」と思うようになりました。

キーワードを決めて
面接を突破した

それまで、進路選びを真剣にしなかったこともあり、就職活動はしっかりやろうと考えました。早々に広告業界とテレビ局に絞りましたね。就活の武器になるだろうと、大学2年生でACC学生CMコンクールに応募。グランプリを受賞しました。大学3年時には電通のクリエーティブ塾をはじめ、他の広告会社やフジテレビジョンのインターンシップにも参加し、準備を積み重ねていきました。

自分では、インターンで結果を残せたことが、採用試験での電通の内定につながったと思っていました。しかし、これは後から知った話ですが、実はインターンでは自分より他の人が評価されていた。それを踏まえると、自分に内定が出たのは、選考突破のために泥臭く戦略を考え

たからだと思います。

特に、武器となるキーワードを決めたことは役に立ちました。自分の場合は"あまのじゃく"というキーワードを設定。面接では「相反するものを組み合わせて新しいものをつくるのが好き。入社したらそういった企画を立てたい」と話していました。

例えば、東京大学の理系の友人と美術系の自分が一緒にイベントを企画した話。コースターのデザインを募集し、それをモザイクアートとしてビジョンに投影するという内容でした。企画のパートは僕らが担当し、技術的なことは理系の友人が担当。アートとサイエンス、相反するものをくっつけると新しいことができる。実例をもとに説明していましたね。

広告会社が仲間に求めるものは、実行力、コミュニケーション能力、企画力の3つだと思っています。でも、就活では、いかにこの「私は実行力があります」という直球の言葉を使わず、具体的なエピソードを通じて相手に感じてもらうかが大事です。

一つの仕事が
起点となって、
企画の面白さを再認識

1年目は営業局に配属され、外資の保険会社を担当しました。失敗ばかりでたくさん怒られましたね。日誌を書かずに上司の机の上に置いたり、酔っ払って先輩のカバンを落とし、「探してきます」と言いながら寝てしまったり…。しかし、営業としての1年があったからこそ、広告の仕事全体の流れを知ることができました。貴重な経験をしたと思っています。

2年目からは、当時クリエーティブ局に異動するために設けられていた転局試験に受かり、CMプランナーに。面白いCMをつくりたいと希望していたのですが、なかなか思うような結果が出ず、もがいていました。そんな中、味噌汁'sというバンドのプロジェクトに携わることに。CMやCDジャケットの制作、企業とのタイアップなど、キャンペーン全体を一貫してつくり上げる機会に恵まれます。マルコメさんと一緒に「ロックを聴かせた味噌汁」という商品まで制作しました。このプロジェクトで「自分も面白く、

世の中もクライアントも面白いと思ってくれるものができた！」という手応えを、初めて感じることができたのです。この経験を通して、学生時代から好きだった「企画」の面白さを思い出しました。

アイデア勝負の「眉唾クリエーティブ」
が新しい仕事に

小学生の頃の放送委員の感覚で自由にアイデアを出していく中で生まれたものの一つが、「眉唾（まゆつば）クリエーティブ」です。「ロックを聴かせた味噌汁」や「クラシックを聴かせた日本酒」は、味噌汁や日本酒に音楽を聴かせたからといって本当においしくなるかどうかはわからない。それでも、信じたくなるような何かがあるアイデアですよね。本当かどうか、試してみたくなる。そんな眉唾なアイデアを使った仕事が足がかりとなり、その後日清食品のカップヌードルや大塚製薬のポカリスエットなど、大きな仕事につながっていきました。

広告はチームワーク。
自己発信能力は
別物なのでご安心を

Instagram や YouTube など自己発信できる場が増えた昨今。入社試験で、SNSのフォロワーが多い学生と横並びになって、かなわないと思う人もいるかもしれません。しかし、そんなことはありません。インフルエンサーは自身の判断だけで発信できますが、広告制作はチームワーク。色々な人が関わって一つの広告ができるから、意見をまとめる力も重要です。広告クリエイティブに必要な能力と、自己発信能力は全くの別物。気にしなくても大丈夫です。

令和の時代に突入し、広告クリエイティブの世界は、さらに自由度が高まっています。一つ強烈にやりたいことがあって広告業界に入ると、それを土台にして幅を広げられる可能性が大いにあるはず。一方で、やりたいことを一つに絞れない人も向いている。広告はアウトプットの形が無数にあるので、むしろ絞れない人のほうがこの世界を楽しめるのではないかと感じています。

獣道を歩いていたら、奇跡的に映画監督に。
自分のやりたいことをやり、
自分のために生きることを忘れないでほしい。

電通
コンテンツビジネス・デザイン・センター/映画監督
長久允 Makoto Nagahisa

1984年生まれ、東京都出身。青山学院大学文学部フランス文学科卒。2007年電通入社。2017年、監督作品「そして私たちはプールに金魚を、」かサンダンス国際映画祭で日本人初グランプリを受賞。受賞歴にTCC新人賞、OCC最高新人賞、ヤングカンヌFILM部門メダリスト他。2019年、初長編作品「WE ARE LITTLE ZOMBIES」がベルリン映画祭、他37以上の映画祭に招待。

短編映画「そして私たちはプールに金魚を、」

長編映画「WE ARE LITTLE ZOMBIES」

三島由紀夫没後50周年企画
MISHIMA2020「死なない憂国」

映画に限らず、舞台の作・演出も手がけた。

音楽の才能の天井が見えてしまった学生時代

中学生の頃から20歳まではサックス一筋でした。当時のバンド仲間の一人が、サザンオールスターズ・桑田佳祐さんの息子。そのご縁で桑田さんの自宅スタジオを使わせてもらっていました。音楽で成功している人が身近にたくさんいたこともあり、将来の夢は「音楽で食べていくこと」。大学でもジャズの部活に入り、ビッグバンドで精力的に音楽活動を続けていましたが、20歳で自分の才能の天井が見えてしまって…。

そこで、今まで音楽に注いでいた情熱を、服飾やカメラ、絵画、映画などに向けてみたところ、自分にフィットしたのが映画だったのです。キャバクラのボーイのアルバイトで稼いだお金を注ぎ込んでバンタンデザイン研究所の映画コースに入学、2年間ダブルスクールをし、映像づくりの魅力にはまっていきました。

面接は飲み屋のおじさんを楽しませるつもりでやった

映画監督になりたいという新たな夢ができたので、映像に携われる可能性のある会社を受けました。具体的にはテレビ局、映像制作会社、広告会社。本命は映画監督の近道だと感じた制作会社のディレクター職でしたが、全部落ちたら自主制作映画に打ち込むつもりだったので、就職活動はそこまで本気ではありませんでした。エントリーシートも居酒屋でお酒を飲みながら書いていました。自己PRはうまく書けていたと思っていたにもかかわらず、ことごとく書類落ち。自分自身を否定されたような気がしてへこみました。その後、大学の就活課にアドバイスをもらいに行くようになりました。

そんな中、電通は当時エントリーシートを出した人は基本的に会う方針で、唯一面接を受けられた会社。面接では、フランスの作家・バタイユのエログロ文学について語りました。エントリーシートにフリだけ書いておいたので、面接官のおじさんたちが案の定食いついてくれました(笑)。飲み屋でたまたま隣に座ったおじさんを楽しませるぞ！というテンションで1分間のトークショーを繰り広げたところ、手応えを感じました。

鉄板の「好きなCMは？」という質問には王道のナショナルクライアントではなく、あえておもしろCMで隠れて有名な「みすず学苑」と回答するなど、工夫した面もあります。内定がもらえなくても自主制作映画の道に進むことを決めていたので、全く緊張しなかったのもよかったかもしれません。今携わっている映画のオーディションでも同じことを感じるのですが、緊張するとその人の"人となり"が見えなくなる。せっかくのチャンスがもったいないことに…。

うそ偽りなく、映像やCMに対する思いを真面目にロジカルに伝えた結果、5回ほど面接を重ねてようやく内定をもらうことができました。と言いつつ、映画だけで食えるように就職する4月1日まで必死に映像制作の道を模索していました(笑)。

店頭ビデオ職人が、映画監督に

最初に配属されたのは営業局。持ち前の明るさや社交性で社内的に評価されていたものの、辞めようと考えたこともありました。その後転局試験を受け、2年目にクリエーティブ局に異動。そこでCMプランナーとして担当していたのは、大手スーパーマーケットの店頭設置メディアで流すビデオ制作。いかにお客さんの目に触れ、立ち止まらせ、購買につなげることができるかが目的の映像です。シズル感にこだわった渾身のビデオを数十本もつくり続けたところ、なんと売り上げが激増。「店頭ビデオ職人」と呼ばれるまでになりました。しかしその裏で、映像で自己表現したい気持ちとの板挟み状態に苦しんでいたことも事実。体が悲鳴をあげたので有給休暇をまとめて取ることに。体を休めながら自分がつくりたいと思う作品づくりに没頭しました。そこで生まれたのが、『そうして私たちはプールに金魚を、』。入社以来ずっと獣道を歩いていましたが、奇跡的に当初の希望だった映画監督にたどり着いた感覚です。自分の好きなことを仕事にしたいという気持ちが一層強くなりました。

遠回りだと思っていた経験全てが血肉になっている

学生時代の話に戻りますが、内定をもらってからも映画を撮り続けていました。あわよくば受賞して映画監督として認められれば内定辞退というシナリオを思い描いていたからです。改めて振り返ると、学生の当時に撮っていた映画と、社会に出て経験を積んでから撮る映画では、伝えたいメッセージはほぼ一緒。なのに、映像技術や、大事にしている表現ポイントが圧倒的に違っています。それは電通に入って営業を経験したことや、店頭映像の制作に携わったことが自分の作品性に大きく影響しているから。当時は遠回りで余計だと思っていた経験全てが血肉となり、新しいステージに立つことができたと感じています。営業時代にお金の流れを知ることができたこと、店頭映像で目を引くアテンションのノウハウを身につけられたことが、映画監督となった今、とても役立っているのです。

会社を利用してほしい

「取材した人の発言をまとめたり、翻訳したりすることは、あくまで代弁であって自分の作品ではない。あなたには自分の作品をつくって発信してほしい」。雑誌の編集者だった母がある日ポロッとこぼした一言です。編集者同様、CMプランナーも代弁者であって、自己表現者ではないと僕は感じました。そして自分がやりたいのは映像作品をつくる映画監督なのだと、この言葉を聞いた時に深く思いました。さっき言ったことと逆行しますが、理想と現実のギャップに悩み、体調を崩した身としては、回り道や修行は積極的には勧められないですね。会社のために生きることは絶対によくない。会社を利用して、自分のやりたいことをやり、自分のために生きることを忘れないでほしいと思います。

あと広告会社は、つくりたいモノをつくれるノウハウを学べます。プレゼンテーションもうまくなるので好きなモノを自由につくれるようになります。

映画も音楽も小説も…。
絞りきれない自分に、
広告はぴったりだった。

博報堂
クリエイティブディレクター/CMプラナー
神田祐介 Yusuke Kanda

1979年生まれ。2003年日本大学芸術学部文芸学科卒。同年、㈱博報堂クリエイティブ・ヴォックス入社。10年間ほどCMプラナーとして活動した後、2015年博報堂入社。飲料、化粧品、スポーツくじなど幅広い業界のキャンペーン作品を手がける。主な仕事に、jms「連続10秒ドラマ:愛の停止線」、「I'm My Car」、マンダム「LUCIDO」、テレビ東京ドラマ「きのう何食べた?」企画監修、スポーツくじBiG「店員石田ゆり子」など。2019年度クリエイター・オブ・ザ・イヤー。

ファンタ学園 3年H組昼メロ先生編/日本コカ・コーラ

連続10秒ドラマ「愛の停止線」
カー用品・カーメンテナンスの店舗を展開する「ジェームス」/運営会社タクティー

連続10秒ドラマ「愛の停止線 season2」

暗い思想を持ちながら、モノづくりに励んだ学生時代

高校生の時に美大や服飾・美容系専門学校に進学する人がたまたま周りに多く、モノをつくるという人生も選択肢として考えるようになりました。モノをつくるなら何だろうと考えた時になりたいと思ったのが作家で、日大芸術学部の文芸学科に進学しました。昔からコンクールで賞を取ったりしていたので、文章を書くことは得意だし好きでした。

大学では1年間かけて一本の小説を書いていました。谷崎潤一郎や芥川龍之介などの純文学が好きで、自己の内面からひねり出したような文章を書きたいと思っていました。しかしそういう文章を書けば書くほど暗くなっていって（笑）。暗くなると友人もできないし、バイトの面接も落ちてばかりでした。暗い性格でしたが人目に触れる作品をつくりたいという表現欲は強く、小説以外にも自主制作映画、バンド、デザインなど様々な表現に手を出していました。陽の目を浴びて評価されている人をいつか絶対見返してやるという暗い思想を抱えながら、コツコツとモノをつくり続ける学生時代でした。

びっしり文字を書いた手紙が活路に

就職活動のタイミングでは、映画も音楽も小説も…と、やりたいことをしぼりきれていませんでした。そこで、総合的に表現の基礎能力を身につけられるのが広告業界ではないかと考え、広告業界を受けることにしました。CM一つとってもストーリーテリングやセリフ、カメラワーク、音楽など様々なことを学べるので。また、場数をたくさん踏めることができるため、CMの制作スパンの短さも魅力的でした。

しかし、電通は筆記で、博報堂はエントリーシートで落ちてしまいました。落ちてプライドがゼロになりましたが、それでもCMプランナーになりたかった。そこで、才能を伸ばすには自分が心から尊敬できる人の下で学んだほうがいいだろうと思い、当時好きだったファンタ「先生シリーズ」の制作者である博報堂クリエイティブ・ヴォックスの岩本さん・井村さんに「修行させてください」と手紙を出しました。こういう時は手紙を封筒に入れて出すのが普通だと思います。しかし、僕は常識がなかったので、はがきの裏面に小さな文字でぎっちり思いの丈を書きつづりました。そうしたら「この気持ち悪さには何かあるに違いない」と思ってもらい、会うことに。会って最初に言われたのが「暗いな」でしたが、「何かありそうだから、安い時給でいいなら」とアルバイトとして「先生シリーズ」の企画会議に呼んでもらえるようになりました。バイト期間を経て、大学卒業のタイミングで博報堂クリエイティブ・ヴォックスに入社しました。

職人型のCMクリエイターとしての挑戦

最初は井村さんの下について働いていました。CMをやりたいと思った当初の理由は表現の基礎を身につけるためでしたが、井村さんのコンテの面白さに感動して、15秒の世界を突き詰めていこうと思うようになりました。仕事をしていくうちに井村さん以外の人にも声をかけられるようになり、仕事も段々と広がっていきました。

10年間博報堂クリエイティブ・ヴォックスでCMプランナーとして働いていました。その後、環境を変えて色々な人と仕事してみたかったのと、大きい会社で広告ビジネスを改めて学んでみたかったのもあり、2015年に博報堂へ。博報堂に移ってからの代表的な仕事は、jms（ジェームス）というカー用品ブランドのWebCM「愛の停止線」です。長尺のWeb動画がコミュニケーションの主流になっていく中で、15秒に向き合ってきた職人型のクリエイターが短尺のWeb動画をつくったら面白いのではないかと考えて、連続10秒ドラマという形式にしました。通常の15秒CMは【やりとり・オチ・商品カット】という構成ですが、10秒だとオチを入れる尺がない。そこで「商品カット自体をオチにできないか？」という発想から企画を立てていきました。

デジタルや統合コミュニケーションに目が向きがちな時代ですが、僕は映像が好きだしそこは曲げられないと思っています。広告映像に軸足をおいて、テレビ・映画など広告以外の映像領域でも自分の力を発揮できるかチャレンジしたいです。実際にテレビ東京のドラマ『きのう何食べた？』の企画にも関わらせていただき、そこでCM制作の経験を活かすことができました。

心から尊敬できる人を見つけてみてほしい

ここ数年の学生の皆さんは勉強してきている印象で、マスからデジタル、統合コミュニケーションまで色々やってみたいという人が増えてきました。しかし今再び、偏屈に「CMしかやらない」や「コピーしかやらない」という人が現れても面白いのではないかなと思います。圧倒される熱量を持つ人に会ってみたいですね。

また、才能を伸ばす要素は出会いだと思います。まずは自分が一番心から尊敬できる人の下について、「この人の言うことだったら鵜呑みにできる」と信じて進むことが、才能の開花につながると考えています。広告業界のクリエイターもSNSなどで露出している時代なので、「この人が好き」「この人の考え方に共感できるかも」「この方向に進んでみたいな」などを見つけやすくなっていると思います。そんな人を読者の皆さんもぜひ探してみてください。

これを読んでいる学生の皆さんは「一生を一社に勤める」といった感覚はないと思います。一方で、自分が進む道を決めきれていない人も多いのではないでしょうか。そのような中で、まずは広告業界に入ってみる、というのは今の時代に良い選択かもしれません。先ほど話したように、広告業界は総合的な表現の基礎体力が身につきます。基礎体力が身につけば、どこの業界・領域に進んでも対応できます。まだ将来を決めきれない。そんなモラトリアムな学生にとっても、良い業界かもしれません。

コミュ力が低くても大丈夫。
根暗な性格や孤独が好きな人も向いている。

TYO
Chief Executive　ディレクター・プランナー
佐藤渉 Wataru Sato

1980年宮城県仙台市生まれ。東海大学卒業後、映像テクノアカデミアでCMプランニングを学び、2006年モンスターフィルムス（現TYO MONSTER）入社。現在TYOに所属。
ACCグランプリ、ACCディレクター賞、アジア太平洋広告祭グランプリ、クリオ賞金賞、スパイクスアジア金賞、カンヌライオンズ銀賞などを受賞。

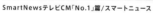

SmartNewsテレビCM「No.1」篇／スマートニュース

SmartNewsテレビCM「無料クーポン」篇／スマートニュース

本だけじゃないBOOKOFFテレビCM「心を読める心くん」篇／ブックオフコーポレーション

アルバイトでトップに！
"横浜の佐藤"と呼ばれる

大学では、政治経済を学んでいました。別に政治経済に興味があったわけではないです。地元が仙台で、とにかく東京に行きたかった。それで大学受験の時にいくつか東京の大学を受けて、受かったところに何も考えずに行きました。入った後に、実はキャンパスが東京ではなくて神奈川だったと気づいたのですが（笑）。大学では本当に何もしてなかったですね。音楽を聴いてライブに行ったり、映画を見たりしていました。カメラを回したりすることもなかったです。

アルバイトは20歳から6年間やっていました。文章を考えて不特定多数の人にメールを配信する仕事で、いかにメールを開いてもらうかがポイントだったのです。その仕事で、パッと一目で興味を持ってもらうためのキャッチ力やターゲットの求めるものを想像する力が養われたのかもしれません。アルバイトだったのに、メールの開封率がずっとトップの成績で、"横浜の佐藤"と有名でした。

海外CMと出会い、内定を全部蹴る

就職活動もちゃんとしていなかったのですが、それでもいくつか内定をもらっていました。そのタイミングで「世界のCMフェスティバル」というイベントに行ったのです。オールナイトで世界中のCMを見るイベント。そこで流れていた海外のCMにものすごい衝撃を受けました。今までテレビでCMを見ても何とも思ったことがなかったのに、海外のCMを見た時に、「こういう面白いことを広告でやっていいんだ」とわかったのです。それこそイベントが終わって朝になっても、興奮で目の瞳孔が開くぐらいに。そこからの動きは早かったです。内定を全部辞退して、CMプランナーになるために東北新社がやっている映像テクノアカデミアという専門学校に入り直しました。

専門学校では、課題でCMコンテを毎回発表するのですが、先生から高評価をもらうことも多く、手ごたえはありました。在学中に賞を取りましたね。宣伝会議賞のCM部門は、実は僕が初代の受賞者で

す。それで専門学校を卒業して、モンスターフィルムスに入社しました。その時にはもう26歳。本当にそれが最後のチャンスでしたね。

もともとディレクターを
やる気はなかった

モンスターフィルムスは、僕が型にはまったクリエイターにならないようにという狙いもあってか、ほぼ放し飼い状態。割と自由にやらせてもらえました。会社に置いてあったCMの映像を漁るように見て、何が面白いのかを体系化していました。

プランナーからディレクターに転向したのですが、もともとディレクターには興味がなかったのです。入社面接でも、ディレクターをやる気はないとはっきり言いました。「一生プランナーしかやりません」って（笑）。でも企画を書いて出すことを繰り返す日々の中で、少し物足りなさを感じるようになっていきました。自分が企画をすると、その時点で既にアウトプットのイメージが湧いているのです。でもそれをディレクターに渡すと、その絵とは違うものになってしまう。演出で大きく変わってしまうわけです。「もっと面白くなるはずだったのに」ということも何度かありました。そんな時に一度、サンシャインサカエの仕事で、自由に企画も演出もできる環境を与えてもらったのです。その時に役者は誰なのか、場所はどこなのか、音楽は何を使うか、編集はどうするか、と表現を形にしていく演出の仕事は面白いなと思いました。

「人を驚かせたい」
発端は幼少期のいたずら

ディレクションにおいては、違和感をつくってやろう、ギャップやズレをつくってやろうという狙いを大事にしています。僕は幼い頃は"佐藤兄弟"と呼ばれる近所で有名な悪童でした。風船に手紙をくくりつけて飛ばし、誰かが受け取った時に「可愛らしい手紙だな」と思わせて、中身は実は"虫の死骸"だったとか（笑）。悪趣味ですよね。けれども、人を驚かせたい

思いは幼少期に形成されたのかもしれません。

でも自分が演出に向いているとはいまだに思っていないです。誰かの後ろに付いて学んだことはないから本当に手探りでやってきました。その素人感が、逆に型にはまっていない表現につながっているのだと思います。

目標はない、
今のままやっていきたい

あんまり大きい目標はないです（笑）。広告やCMで世の中を変えたいとか、そういうのは全くない。「そもそも広告ってそういうものだっけ？」という感覚もあります。大げさなものではなく、みんながクスリと笑ってくれたり、少しでもビックリしてくれたりするものをつくっていきたいです。

将来映画監督になりたくて、勉強のためにまずはCMディレクターになるみたいな人もいます。しかし、僕はCMが好きで、企画が好きで入っているので、他のディレクターにはない異色のポジションを築けています。今のままずっと続けていくのが理想ですね。くだらないことをずっと真面目にやっていきたいです。

ルールをぶっ壊してやろうって
人と仕事がしたい

業界の面白さという面では、広告は大きいお金が動く分、自分の好きな役者さんを起用して、好きな場所に行けて、好きな機材を使えるといった魅力があります。今はスマホで一人でも映像をつくることができる時代ですが、やはり限界があると思うので、規模が大きく楽しいことができるというのは伝えたいですね。

向き不向きでいうと、僕はコミュニケーション能力が低く、根暗です。高校生の時は、友人が一人もいないぐらいに。けれども根暗な性格や孤独が好きな人のほうが向いているかもしれません。

あとは何かしら反骨精神を持っている人に来てほしいですね。「今のCMはつまらない。ルールをまとめてぶっ壊してやろう」みたいな気持ちを持った人と仕事がしたいです。

外野のマインドが業界を進化させる。
アイデアを武器に、
領域を横断していく。

博報堂ケトル
クリエイティブディレクター/プロデューサー

畑中翔太 Shota Hatanaka

1984年埼玉県所沢市生まれ。中央大学法学部卒。2008年博報堂入社。プロモーション局に配属後、2012年より博報堂ケトルに参加。アクティベーション領域を軸に手段とアプローチを選ばないプランニングで、「人を動かす」総合キャンペーンを数多く手がける。これまでに国内外の150以上のアワードを受賞。カンヌライオンズ2018審査員。ACC TOKYO CREATIVITY AWARDS 2020審査員、2018年クリエイター・オブ・ザ・イヤー メダリスト。主な仕事に、地域創生プロジェクト「絶メシ」、Y!mobile「恋のはじまりは放課後のチャイムから」、POLA「Call Her Name」「美魔県グランプリ」など。

SALUTE TRAINER 敬礼訓練プログラム/海上自衛隊

『恋のはじまりは放課後のチャイムから』
/Y!mobile(ソフトバンク)

絶メシリスト/地域創生プロジェクト

ドラマ25『絶メシロード』/テレビ東京

弁護士を目指すも、
夢のお告げで諦める

自分の発想で人を動かすのが好きで、小学生の時はラジオ番組をつくってクラスでカセットを回したり、カードゲームを自作して教室ではやらせたりしていました。どうすればクラスのみんなが動くかを考えて仕掛けるのが楽しくて。また僕はすぐ飽きてしまうので、その都度自分のやることを変えていました。

このように子どもの頃からクリエイティブなことが好きだったけれど、大学3年生までは弁護士を目指していました。高校が中央大学の附属校で弁護士への憧れが大きかったのと親の期待もあって、何も考えずにすんなり中央大法学部に進学。司法試験の勉強をしていました。でも大学3年のある日、夢の中で観音様が目の前に現れて「お前には無理だ」と言ったのです（笑）。暗記という作業が自分に合わず、つらすぎて、夢に具現化されたのだと思います。翌朝に予備校を辞めました。余った予備校の下期授業料は英会話スクールに通うために使いました。司法試験の勉強であまりに抑制された生活をしていたので、人と話したくて。そのまま半年後に大学を1年間休学してカナダへ留学しました。留学とはいってもバンドをするなどひたすら遊ぶ日々でした。戻ってきた時が大学4年生で、就職活動をスタート。何も準備をしていませんでした。

自己PRマニアとして、
就活を楽しんでいた

就活や面接が好きで、業界を絞らず、色々な企業を受けていました。うまく自分を表現できて良い雰囲気をつくれた時に、「よっしゃー！」って。ゲームクリアの感覚ですね。知らない世界に潜り込める面白さもありました。

僕は「自己PRマニア」で、自己PRは自分の広告だと考えていました。これまでの体験は変えられないけど、それをどう伝えるかは変えられます。キャッチーな部分を抽出しタイトルを付け、いかにうまく伝えるか。例えば僕は執着心をコンセプトにしていたのですが、「唾

を吐かれても立ち上がる」というタイトルをつけて、「カナダに留学中、ライブハウスでお客さんにバカにされて唾を吐かれたけど、最終的にはその箱を満員にして成功させた」というエピソードを話しました。最終的に、コンサルティング会社、おもちゃメーカー、博報堂の3社で迷いました。好きなCMも言えないぐらい広告について知りませんでしたが、広告会社は自分の発想で社会を動かせる会社だとなんとなく勝手に捉えていました。コンサルは目に見えるアウトプットがない気がしましたし、おもちゃメーカーはプロダクトに縛られる。けれども広告にはもっと可能性があると期待していました。

結局最後に決め手になったのは、「人に影響を与えたい」という初期衝動が大きかったと思います。ラジオやカードゲームをつくった原体験から、自分の発想で人を動かすのが喜びなのだろうと分析していました。

クリエイティブディレクター兼
プロデューサーとして

入社後はプロモーションの部署に配属され、キャンペーンの賞品を企画したり、イベントを実施したりする仕事をしていました。目の前の仕事をこなす日々でしたが、2年目に初めてカンヌライオンズに行って、受賞作に衝撃を受けました。「自分の業界ってこんなに広かったんだ…」「こんな面白い世界があったんだ！」と。その時の受賞作は覚えてないけれど、数年後のGATORADEの「REPLAY」はとても刺激的でした。とにかくカンヌを取ってみたくて翌年につくったのが、海上自衛隊の「敬礼訓練プログラム」というスマートフォンアプリです。これがカンヌで賞をもらうことができ、それがきっかけで名前が知られて、博報堂ケトルに移ることに。その後は、つくったものが社会に役に立っているのを目の前で見ることが喜びになっていき、「Eye Play the Piano」や「さわれる検索」などをつくりました。今度はそれらの規模を大きくしたくなって、地域創生プロジェクトである「絶メシリスト」を手がけます。

今は博報堂ケトルのクリエイティブ

ディレクターで、同時にプロデューサーという肩書も名乗っています。自分の中でのプロデューサーは、「0→1を生み出す」という意味。コンテンツとタイアップする側ではなくコンテンツを生み出す側になりたいと考えています。実際に『恋のはじまりは放課後のチャイムから』や『パラレルスクールDAYS』などのWebドラマ・SNSドラマの制作や「絶メシ」のテレビドラマ化も企画・プロデュースしました。今は音楽アイドル番組や地域創生バラエティもつくっています。特にドラマは視聴者の反応がダイレクトにわかりやすく表れるので、これは今までの広告制作にはない体験で新鮮でした。『絶メシロード』のテレビドラマ制作では、はじめ「広告の人間」として入ったので、完全にアウェーでしたが、制作会社さんに居候してドラマ制作の環境に染まることから始めました。

最初はイベントやWebの仕事から始まって、のちにCMをつくるようになって、そのうちドラマをやってみたくなって…。自分の中でのチャレンジの「チェックボックス」を埋めて次の領域に進むことを楽しんでいます。今は飲食ビジネスを始めたり、漫画の脚本を書いたりして、新しい領域に常にチャレンジしています。

アイデアがこんなに大事にされる
職業はない

自分が元々、広告だけが好きで今の会社に入ったタイプではなかったからこそ、「広告なんて別に」といったマインドの人のほうが業界を進化させると考えています。あとは足腰が強くて探究心のある人ですね。例えば田んぼのお米の収穫仕事を任せられた時に、「なんでお米なんて」と嫌々こなすのではなく、泥だらけになって楽しめる人。

広告業界を目指す学生には、「アイデアがこんなに大事にされる仕事場・職業はない」ということを伝えたいです。アイデアだけで戦えるし、アイデアは上下関係を飛び越える。また広告は、一つのアイデアがメディアや商品、コンテンツなど様々な形に化ける仕事です。だからアイデアがつくれる人にとっては本当に楽しい業界だと思います。

固定化された価値観が壊れる時代。
0→1だけでなく1→100にする力も大事。

電通パブリックリレーションズ
情報流通デザイン局 コミュニケーションデザイン部 部長 PRプランナー
根本陽平 Yohei Nemoto

1985年秋田県生まれ。成蹊大学経済経営学科卒。2008年電通パブリックリレーションズ入社。"PR思考"でプロモーションから商品開発・企業活動、の全体設計を行う。宣伝会議「オンライン動画プランニング実践講座」「バズクリエイティブ講座」講師。共著に「PR思考」「自治体PR戦略」「戦略思考の魅力度ブランディング」。受賞歴に、Global SABRE Awards（「世界のPRプロジェクト40選」2回）、WOMMY AWARDS、PR Awards Asia（6年連続）、iPRA Golden World Awards for Excellence、PRアワードグランプリなど。

ゾンビ臭よ、ごきげんよう。/トップ クリアリキッド抗菌（ライオン）

今年、「母の日」は「母の月」へ。/日本花き振興協議会

UPDATE DOCUMENTARY PROJECT/Yahoo! JAPAN

広告は「自分（企業）が語る」
PRは「第三者が語る」

　広告とPRの一番の違いは、語り手の違いです。例えば、企業や商品の魅力を伝える際、広告は「自分（企業）が語る」。PRは「第三者が語る」。第三者とはテレビなどのニュースメディアや専門家や有識者、ソーシャルメディアのユーザーなど、自分たち以外の客観的で影響力のある方たちのことですね。そして、第三者にどう語ってもらうかのストーリーを組み立てるのがPRプランナーの仕事です。

PRの魅力に気づいたのは、
利きビール選手権

　PRにふれたきっかけは、大学生の時に"ブランディング"のゼミに入ったことです。ゼミに入った理由は「なんとなくはやりものが学べそうだな」というくらいの気持ちでした。僕は秋田県から出てきた田舎者で、ミーハーだったので（笑）。

　ゼミに入り、いくつかブランド関連の本を読む中で、PRに関心を持ちました。特に影響を受けたのは『ブランドは広告でつくれない 広告vsPR』（翔泳社）という本です。海外の企業がブランドを構築するのにPRを活用していることがわかりました。

　ちょうどその頃、仲間内で「利きビール選手権」をやったのですが、自分が好きなビールを当てられなかったのです。そこで、どうやら自分はそのビールの味ではなく別の何かを好いていることがわかり、ブランドやPRの奥深さに気づいていきました。

　また、当時PRの可能性を強く感じたキャンペーンがあります。それは、「痴呆症」を「認知症」という名前に改めるというものでした。元々認知症は、痴呆症という呼び方でしたが、痴呆という言葉や文字の印象がよくなく、それが早期診断を妨げていると問題になっていました。そこで認知症に改名していくのですが、一つの固定された概念を変えていくプロセスに感銘を受けました。

　当時は特に夢もなく、漠然と地元の秋田を盛り上げたい気持ちがありましたが、

PRでできることの大きさに気づき、だんだんとPRを学ぶことで地元に貢献できるかもしれないと考えるようになりました。

たくさんの業界をみて、
逆に"代理店業"へ

　PRをやりたいと意識はしていましたが、まだ狭い視野で判断しているかもしれないと自問しました。そこで就職活動の前に、たくさんの大人に話を聞きに行くことに。勝手に100人と決めて、幅広い業界の人に会いに行きましたね。昔から、頭で緻密に考えるよりも自分の経験を大切にするタイプなので、まずは早くたくさんの人に出会い、経験の打席を増やそうと考えたのです。

　たくさんの業界をみたのですが、本当にどこの企業もそれぞれ面白そうで、魅力的に映りました。逆に言うと、どこか一つの領域に絞ってここで絶対にやっていきたい！　と思う業界も見つからなかった。だから自分は様々な業界に関わることができる、所謂"代理店業"向きの性格だと改めて思いました。ちなみに会社に入ってからは"代理店"というワードはあまり使いません。代理以上のことを提供したいと思っているからです。

　面接では履歴書に「八方美人×熱意」と書いた覚えがあります。部活、サークル、ゼミ、バイト、趣味、地元の祭り…と絞りきれずに八方に興味を持って、でも一つひとつを薄めることなく、全てに熱量を込めたと伝えました。

0→1だけでなく
1→100にするのも
クリエイターだと思う

　始めからPRプランナーとして働きました。よく仕事は3年で一通りの業務ができるようになると言われますが、僕の場合は一通りの基本的なPR活動を網羅するのに5年かかった印象です。それくらいPR領域は幅広いのです。

　また、広告はターゲットに向けてメッセージを発信しますが、PRはターゲットが限定的ではありません。関わりの

あるステークホルダー全員が対象になるので、三方良し、八方良しの発信をしなくてはいけません。そういったメッセージを考えるには、広範囲の知識が要求されます。時代はどんどん変わっていくため、情報のアップデートも常に行わなくてはいけません。難しいですが、逆に飽きることはないですね。

　入社してから気づいた自分の強みは、1を100にするのが得意だということです。通常0から1を生み出すのがクリエイターだというイメージがあると思います。しかし、アイデアを生み出すだけでなく、それをどう世の中に届けていくかを考えるのもクリエイターです。企画が生まれた時の深く強い熱量を、拡張し、届けきるまでが自分の仕事だと思っています。

思いやりを持っている人が
向いている

　思いやりのある人が向いていると思います。言い換えると自分以外に対して気を配れるということですね。思いやりのないメッセージはパブリックという衆人環視のもとでは見透かされてしまいます。だから日々の生活の中でも、気を配れる行動をしている人こそが向いていると思います。自戒を込めて。

　あと代理店業はクライアント以上に、その商品を愛することが重要です。だからこそ、様々なことに興味と熱意を持っている人も向いているはずです。

　PRはこれから本当に需要があると感じています。新型コロナウイルス感染症拡大によって、固定化された古い概念がどんどん壊れてきています。他方で新しい概念も生まれてきます。そうした時こそ、企業やブランドがどのように生活者に寄り添えるかが問われていきます。

　未来が読めない社会で、疑心暗鬼な世の中で、八方の合意形成をなしてきたPRの力が発揮されます。PRプランナーの需要が様々な会社や部署に広がっていると感じます。こんな時代だからこそノウハウやスキルをフル活用して世の中をよくしていく一端を担うことが求められています。

クリエイティブは石炭・石油に次ぐ第3の資源。
こんなに可能性を秘めた面白い仕事は他にはない。

The Breakthrough Company GO
代表取締役　PR/クリエイティブディレクター
三浦崇宏 Takahiro Miura

1983年東京都生まれ。早稲田大学第一文学部卒。2007年 博報堂入社。マーケティング、PR、クリエイティブの3領域を経験。TBWA\HAKUHODOを経て2017年独立。「表現をつくるのではなく、現象を起こすのが仕事」が信条。CannesLions、PRアワードグランプリ、ACC TOKYO CREATIVITY AWORDS グランプリ/総務大臣賞など受賞多数。著書『言語化力（言葉にできれば人生は変わる）』（SBクリエイティブ）がAmazonのビジネス書ランキングで1位に。近著に『超クリエイティブ「発想」×「実装」で現実を動かす』（文藝春秋）。東京大学、早稲田大学、筑波大学などで講師実績あり。

新聞広告の日プロジェクト「#広告しようぜ」/朝日新聞

日本の目に、かつてない自由を。JINS 1DAY/JINS

クリエイティブアカデミー

子どもの頃の
夢は小説家

幼い頃から本を読むことが好きでした。小学生の時に作文で賞を取ったこともあり、なりたかったのは小説家。父がダンサー、母がオペラ歌手という家庭で育ち、アーティストとして生きていくのだろうなと漠然と思っていました。親からは「あなたは天才」と言われ続けていたので、自己肯定感が強い人間に育ったのは間違いありません。しかし、早稲田大学の第一文学部に在籍していた頃に短編小説を書いてみて、二つの事実に気づきます。一つは残念ながら小説を書く才能がないこと。もう一つは、そもそも原稿に向き合う孤独な作業が性に合っていないことです。高校生の時に柔道の大会に出場した際も個人戦より団体戦が好きでした。大学でもサークルのみんなでイベントをつくり上げていく過程が好きでした。自分は「みんなで何かをやっているほうが楽しい」タイプなのだと、改めて認識しました。

調子にのって
打ちひしがれた就活

大学3年生の時にクリエイティブエージェンシーTUGBOATの岡康道さんの講演を聞きました。"オリンピックがなければ、平凡な夏でした。"というコピーに胸を打たれ、「人の気持ちを動かして世の中の価値観をひっくり返したい」という気持ちが芽生えます。そのためにはテレビ局か広告会社に就職するのが近道だと思い、フジテレビジョンと博報堂のインターンシップに参加しました。

参加したことによって、就職活動前にテレビ局と広告会社のどちらに進みたいかクリアになりましたね。テレビの場合、表現の目的は自由だけど、手段が限定されている。広告はその真逆で、目的は決められているけれど、手段が幅広く自由に選べる。テレビは、報道・バラエティ・ドラマと視聴者にどう受け取ってほしいかは様々ですが、使えるメディアが限定的。他方で広告

は、ブランドの認知・売上促進と目的は限定されているが、答えの出し方は自由。将来的に独立することを考えた時に、自由に手段が学べる広告業界を第一希望にしようと思ったのです。

インターンシップで成績がよかった博報堂は、早期試験での内定をもらえる自信がありました。しかし、自己PRでふざけたことが災いし、落ちてしまいます。電通も最終面接まで進んだのですが、調子に乗ってしゃべり過ぎ、最後に落ちたのは自分だけだったそうです。この現実にはさすがに絶望し、先はないかもしれないと思いました。

ところが、電通から不合格を言い渡された日の夜、博報堂の人事の方から電話が。「もう一度博報堂を受けなさい。エントリーシートの締め切りは明日です」と言われ、一晩で必死に作成。面接では前回の件を反省していることを伝え、無事内定に至りました。

意図しなかった配属と、
28歳で描いたビジョン

当時の博報堂は、入社して営業かMD（マーケティング・PR・クリエイティブなどの内勤）のいずれかで研修し、その後配属が決まるシステムです。自分はMDで研修だったので、間違いなくクリエイティブだと思っていたところ、行き先はマーケティング。3年間でクリエイティブディレクター（CD）になる未来予想図が粉々に。次の異動先はPRでした。PRプランナーとして5年、うち後半の3年ほどはTBWA\HAKUHODOのアソシエイトクリエイティブディレクターを兼任しました。当時はこの人事に納得がいきませんでしたが、PRでメディアまでアウトプットに責任を持つという経験ができたことは財産になりましたね。博報堂ケトルの嶋浩一郎さんや編集者の中川淳一郎さんにかわいがってもらい、PRのいろはを学べたことにも感謝しています。

ターニングポイントは28歳の時に訪れます。社内起業のための企画書を書いたのです。ポイントは大きく3つ。成果にコミットするクリエイティブをつくり出すこと。CMメインのビジネスか

ら脱却すること。クライアントに対してではなくクリエイターに営業担当をつけること。まさに今のGOの姿なんですよね。しかし、残念ながら会社には認めてもらえませんでした。思い描いたビジョンを形にするために、独立を決意。当時電通に勤めていた福本龍馬と共同でGOを立ち上げました。

いいものをつくれば
一発逆転できて、
世の中を変えられる

現在GOではCDとしてクライアントワーク5割、GO経営者として運営3割、ビジネス芸人としてメディア出演など2割のバランスで仕事をしています。クリエイティブの可能性をPRするためには自分がピエロになるしかないという思いでメディアに出ています（笑）。

今後の日本が国際競争力を保持していく上で一番大事なものは、間違いなくクリエイティビティ。資源も組織も技術も他国に及ばない今の日本が持つ最大の武器と言っても過言ではないはず。千利休の"見立て"の力こそがクリエイティブと考えると、その時代から脈々と続く日本固有の資産なのです。

これから、クリエイティブは石炭・石油に次ぐ第3の資源になるでしょう。広告業界の売り上げのうち大半を占めているのがメディアフィーだという現実は、裏を返せば伸びしろの宝庫。クリエイティブ産業をもっと拡大するべきです。

だからこそGOでもクリエイティブの概念の領域を広げるチャレンジをしています。教育・投資・調査・飲食業とジャンルを拡大しているところです。

クリエイターを一言で表現すると、変化を加速させる触媒。いいものをつくれば一発逆転できて、世の中を変えられる。クリエイターを目指す人を1人でも多く増やすことは、GO、そして自分のミッションです。こんなに面白くて可能性を秘めた仕事は、他にありませんから。

別解を生むスキルはAIに代替されない。
自ら事業を行いながら、助言を行う
新しいクリエイティブディレクターに。

TBWA\HAKUHODO / NEWS
クリエイティブディレクター
梅田哲矢 Tetsuya Umeda

1987年大阪生まれ。首都大学東京卒。2010年アサツー ディ・ケイ入社。2015年よりTBWA\HAKUHODO Disruption Lab（クリエイティブチーム）に所属。広告的発想を武器としたクリエイションと、実現するためのオペレーションを併せ持つ新しいタイプのクリエイティブディレクター。日本人としては初となるヤングカンヌ金賞を皮切りに、クリエイター・オブ・ザ・イヤー、カンヌライオンズ、The One Showなど世界的な広告賞を多数受賞。2019年スタートアップ企業に対してクリエイティブを投資するNEWSを創業。

THE REBORN LIGHT/日産自動車

INTELLIGENT PARKING CHAIR/日産自動車

バーチャルインフルエンサーのみが所属するモデルエージェント「VIM」の設立/yutori

正攻法では落ちこぼれたが、別解では勝負できる

もともと好奇心が強い性格で、中学までは勉強が好きなタイプでした。その後進学した高校が、受験特化型とも言える教育方針でそれがどうしても肌に合わず、高校では落ちこぼれてしまいました。

ただ中には変わっている先生もいて、数学の先生が面白い人でした。前の週に課した宿題を授業前に回収して、正解した生徒に解法を黒板に書かせていました。模範解答で解いてきた生徒には前の黒板に書かせて、後ろの黒板には誰もやっていない別解で解いてきた生徒に書かせるのです。別解も正解も試験では同じ点数ですが、別解が持つ「独自性」に価値があるように感じられました。落ちこぼれな僕は、勝負が不利な模範解答ではなく、常に別解で勝負を仕掛けていました（笑）。別解なら勝てるかもと感じた瞬間でした。

大学に入ってからも別解を意識。大学生の多くが遊んでいる中での別解は「勉強をする」だと思い、会計士の勉強を真面目にしました。また、一休さんのとんちのような別解発想を鍛えることも。建築学科や工業デザイン科の友人たちとは趣向が似ていたこともあり意気投合。安居酒屋で「みんなが信号機を守るようになる仕組み」などをよく話し合っていました。目的がないにも関わらず、ケンカになるほど白熱しましたね（笑）。

面接は、キャッチコピーが重要

就職活動を始めた段階では、別解的発想をする業界が広告会社だとわかっていませんでした。企業価値の分析に別解的発想が必要なのではと考え、投資会社など金融業界のインターンシップに参加。しかし実際に別解的な提案をしてみたら怒られて、一発逆転の別解は求められていないと感じました。別解が求められる「ビジネス一休さん」はどこだと探すうちに、広告会社がイメージに近いと気づきました。

広告会社を受ける時に気をつけたのは、差異をどうつくるかです。他の学生との差異化のために、「学生時代頑張ったこと」にはあえて「勉強」と答えました。また話にキャッチをつくることを意識しました。わかりやすくいうと、サービス精神。同じような自己PRを聞き続けて疲れている面接官に、あえて目が覚めるようなキャッチで話を始めます。面接官が「え！？」と驚いた後に、「これはこういう意味で」と説明していました。

最終的にADKに入社することに決めました。ADKは若手でも活躍できそうなイメージがあり、自分の性格に合っていると考えたからです。

転職して落ちこぼれるも、別解を発見

最初に配属されたのがインタラクティブの部署でした。デジタルメディア出身の先輩が多かったので、企画は若手でもかなり任せてもらいました。2年目の時にPRの第一人者の博報堂ケトルの嶋浩一郎さんのゼミに入り、その時にPRは別解的に肌に合うと感じました。その後26歳でヤングカンヌゴールドを受賞。「別解的な戦い方なら勝てるぞ」と得意になっていた時にTBWA\HAKUHODO (TH) の佐藤カズーさんと出会い、ここだけの話オフィスに遊びに行ったつもりが、転職することに（笑）。

しかしTHに入るとクリエイティブのレベルの高さに驚き、落ちこぼれました。高校の時の再来です。今まではキャンペーンやヤングコンペ、自社案件などビジネス課題を背負わない仕事ばかりだったのだと衝撃を受けました。しかしTHが扱うのはグローバル案件、ブランド案件で、きちんとビジネスにつながらないと評価されません。転機になったのは、入社して最初の打ち合わせで出して捨てられた企画を営業が覚えていてくれて、実施になったことです。これが「INTELLIGENT PARKING CHAIR」です。その後、より電気自動車の本質に迫りたいと思いつくったのが、「THE REBORN LIGHT」です。技術の広告を打つよりも、プロダクトのリリース自体が広告になるほうが効率良いのではと。無駄が少ない別解的発想ですね。

事業者であり助言者であるあたらしいCDの姿

2019年にNEWSという会社を設立し、THでは受けられないスタートアップなどの案件をNEWSや個人で受けるようになりました。NEWSではフィーをもらわず、エクイティ（株式）をもらっています。要は出世払いです。だから企業価値を高めるためにクリエイターも本気でコミットします。ただ、このビジネスモデルだと5年間ぐらいお金が入らないことも。だから社長の僕を含めて全員副業。収入源を持ちながら、時間の15％程度をNEWSに割いてもらっています。厳密には個人の案件ですが、IT×古着のスタートアップyutoriとの関わりは印象深く残っています。代表の片石へ別解をアドバイスする社外取締役として、様々な課題を一緒に解いていきました。その一例がバーチャルインフルエンサー事務所の立ち上げです。彼らはその後ZOZOグループ入りを果たし、私個人としてもイグジットを経験した数少ないクリエイティブディレクターではないでしょうか。

世の中は事業者と助言者に分けられます。会計ツールや労務ソフトなどが出回り、昔よりもはるかに開業しやすくなりました。事業者になるコストが少なくなって、今は事業者と助言者の両方になることができます。だから次世代のクリエイティブディレクターは、事業者としての実績を持ち、そのナレッジをベースに助言をする人なのかもしれません。事業を自ら行うことによって持つ説得力が、今のクリエイティブディレクターにはありません。僕はその説得力を持ちたい。だから、ゆくゆくは起業したいですね。

広告業界はファーストキャリアに

別解を考える筋力を鍛えることができる広告業界は、ファーストキャリアとしておすすめです。AIの登場で様々なことが代替される中で、この筋肉は代替されにくい。今後より重宝されます。

付き合いのあるスタートアップ界隈の人からも「グロースハックは学習して再現可能。けどブレイクスルーは再現不可」と言われ、別解の価値を感じました。

人を狂わせたい。
この仕事は思いつけば何でも実現できる

PARTY
クリエイティブディレクター
眞鍋海里 Kairi Manabe

1982年宮崎市生まれ。大学卒業後、タワーレコード、Webプロダクション、BBDO J WESTを経て、PARTYへ参画。「人は広告なんて求めていない」という考えの元、"コンテンツ妄想"を軸に課題解決に挑む。オートウェイ「【閲覧注意】雪道コワイ」シリーズは全世界で累計1500万回再生を突破。その他、ブックオフ「本気のお願い」、paymo「Table Trick」、スキップできない劇場、近畿大学「MAGROBO」、スニッカーズ「世界同時催眠」、超特急スマホ連結MVなどを手がける。受賞歴に、スパイクスアジア、アジア太平洋広告祭、TCC審査委員長賞、TCC新人賞など。

Webムービー「【閲覧注意】雪道コワイ」/オートウェイ

Webムービー「ブックオフから本気のお願いです。」
/ブックオフコーポレーション

RADWIMPS ROLE-PLAYING MUSIC「SHIN SEKAI」
PARTYが開発した「VARP」上で催されるヴァーチャルライブ。

バンド活動に
あけくれた4年間

僕は高校生まで宮崎県で育ちました。宮崎県は九州でも田舎なのでエンタメが少なく、不良になるかバンドをやるかのどちらかって感じで、僕は後者でした（笑）。

その後、鹿児島大学に入学し、宇宙物理学を専攻しました。元々、宇宙に興味があり入学したのですが、実感のない数式だけの世界にすぐに興味を失いました。それで勉学はそっちのけでバンド活動にひたすら4年間のめり込みました。焼酎とバンド漬けの、本当にダメダメ学生でした（笑）。

タワレコのバイヤーになり、
ヒット作を生み出す
企画を発案

大学3年生の頃には、音楽で飯を食べたいと思っていました。だから4年生になっても就職活動をしませんでした。そこで、音楽業界のコネもできるだろうと、卒業後すぐにタワーレコードにアルバイトで入社。そこで仕事と並行してバンド活動をするという期間が2、3年ありました。

タワーレコードではバイトから昇格し、最終的には洋楽のバイヤーに。大きな権限が与えられ、好きに働いていましたね。自分が発掘したアーティストのヒットを仕掛けるにはどうすればいいのか、客層の分析をしながら売り場をつくったり、地元の音楽番組とタイアップを企画したりしていました。

ただCDが売れない時代になってきて、鹿児島店が閉店することになったのです。その頃、並行してやっていたバンド活動もメンバー脱退などが重なり解散することになりました。

ハローワークで
コピーライターになる
方法を聞く

お店がなくなり4カ月くらい無職でした。あまりに暇で図書館に行き、たまたまそこでコピー年鑑に出会いました。それまでコピーライターなんて糸井重里さんしか知らなかったのに、読んでみたら面白くて、「これなら俺でもできるんじゃない？」と思ったのがきっかけでした。

それでハローワークのおじさんに「コピーライターってどうやったらなれるんですか？」と聞いたら、「難しい」って言われまして…。それでも諦めず広告会社、制作会社、印刷会社と広告にまつわる企業を100社くらいエントリーしました。唯一拾ってくれたのが福岡のWeb制作会社の営業職でした。そこでは毎日スーツを着て飛び込み営業の日々。営業だったので商談するために、Webの勉強も相当しましたね。

その当時、面倒を見てくれていた先輩が福岡の広告会社・BBDO J WESTに転職します。僕がコピーライター志望だったことを知っていたその先輩が「ディレクターやってみたら？」と仕事で声をかけてくれて、一緒にデジタル企画をやるようになりました。しばらくすると、BBDOがデジタル専門の部署を立ち上げることになり、そこに誘われて転職。それが26歳の頃です。

こだわりつくした仕事が
大ヒット

最初は新築マンションのバナー広告やホームページをつくったり、メルマガを書いたりと小さな仕事ばかりでした。ちょうどその頃に、伊藤直樹さん（現PARTY CEO）が手がけた「LOVE DISTANCE」というデジタルキャンペーンを目の当たりにしました。それに感銘を受け、デジタルを使ったインタラクティブなプロモーションコンテンツを必死に企画してはプレゼンテーションする日々を送っていました。

BBDOに入って3年目の時に携わったWebムービー【閲覧注意】雪道コワイ」が大きな成功体験となりました。制作費はなかったですが、チーム一丸となり、細部にまでこだわり、つくり込んでいきました。ギリギリまで粘って公開したら驚くほど大きな反響を得ることができ、この体験が自分にとってターニングポイントになりました。「ここまでやるとコンテンツに力が宿る。逆に言うとここまでやりこまないといけない」と心の中にハードルが設定されたように思えます。

僕は昔から"実験"が好きでした。バンドをやっていた時もそう。物理が好きだったのも、実験で仕組みが理解できるのが好きだったからです。僕の広告づくりもそれに近いなと感じます。

福岡から
東京のPARTYに
転職をした理由

BBDOで働く中で、もっとクラフト力、つまりつくり込む力を身につけたいと感じていました。それに、ある程度の成功体験を重ねたことで自分の型ができてしまっている危機感もありました。そこでプロフェッショナルなクリエイターが多く集まり、抜群のクラフト力があるPARTYで改めて修行しようと思い、飛び込みました。社内には個性的なクリエイターが大勢いるので、日々必死に戦っています。

小さい頃から
みんなをビックリさせたい
衝動があった

企画で大事にしていることでいうと、「人を狂わせたい」が最大のテーマです（笑）。広告でもいい。イベントでもいい。ゲームでもいい。人が狂うことを肯定するようなコンテンツを生み出したい。

思い返すと、小さい頃からみんなをビックリさせたい衝動がありました。そして、みんなの思い出の中に残るものをつくりたいと思っていました（笑）。それが音楽をやるきっかけでもあり、今も人の心が揺さぶられる企画を考え続けている理由かもしれないです。

この仕事は、きちんと課題解決になってさえいれば、何でも実現できるのが魅力です。自分の願いさえかなえられるかもしれません。自分が体験したいものは、必ず世界中の誰かが体験したいものなので、広告において自分の願望も一つの正解です。

あとは、同じ仕事がないことも魅力ですね。毎回新鮮で、全く飽きません。仕事をするほど、クライアントの幅が広がるほど、世界は広がります。視野が広がるのは、広告業界の特権ですね。

自分の頭の中にある考えを
紙に書いたり人に話したりするだけで、実現できる！
これほど魅力的な仕事、他にないかも。

CHOCOLATE
チーフコンテンツオフィサー/企画屋（プランナー）
栗林和明 Kazuaki Kuribayashi

1987年生まれ。上智大学経済学部経営学科卒。2011年博報堂入社。TBWA\HAKUHODOを経て、2018年より現職。統合コミュニケーション設計をはじめ映像企画、空間演出、商品開発を担う。JAAAクリエイターオブザイヤー最年少メダリスト。カンヌライオンズゴールドやACCグランプリ、他国際短編映画祭、文化庁メディア芸術祭、スパイクスアジア、など、国内外のアワードで、60以上の受賞。米誌Ad Age「40 under 40（世界で活躍する40歳以下の40人）」選出。

YouTube FanFest×あさぎーにょ/YouTube YouTube FanFest Japan 2019のステージより

おきたらんど×ラッコズ/朝日放送テレビ
アニメーター・たかだべあのキャラクター「ラッコズ」と朝の情報番組「おはよう朝日です」のクイズコーナー「おきたらんど」がコラボレーション。

6秒商店「魔法陣充電器」

#とろねこチャレンジ/花王

普通の学生。
フリーペーパーづくりが転機に

大学は上智大学の経済学部経営学科。もともと広告やマーケティングに興味がありましたが、テニスサークルに入り浸たる日々。考えていたのは「どうすれば授業をさぼれるか」ということぐらい(笑)。テニス・カラオケ・飲み会三昧という、ステレオタイプの大学生でした。

大学3年生の時に博報堂のインターンシップに応募したところ、不採用となりました。「このままでは広告業界に就職できないかもしれない…」と思い、1年間休学することを決意。20人ほどのメンバーを集めてカルチャー系の若者向けフリーペーパーづくりを始めたのです。デザインは美大のメンバーが担当。自分は企業の代表電話にかけて飛び込み営業し、協賛費用をもらうことに精を出しました。地道な努力の結果、集めた金額は約400万円。劣等感だらけの自分にとって、この経験は大きな自信につながりました。

改めて振り返ると、このタイミングで一念発起して行動して本当によかったです。まさに"やったもん勝ち"です。コンテンツづくりを通して得られたものは大きく、あらゆる経験が今の仕事にとても活きている。やりたいことをやってみると吸収率が半端ない。本当はできるのに、なにかと理由をつけて諦めている学生がいたら「人生のレールを踏み外すことは怖くない。周りを気にせず、自分の本能に忠実に、今やりたいことをやるべきだ!」と伝えたいです。

小学校時代のトラウマが
広告につながった

小学校の頃に、他人を紹介するというテーマの授業がありました。クラスメートが書いたのは「栗林くんは(勉強も顔も運動神経も)全てが平均的」。この日を境に、自分が他人からどう見られているのか気になりだして…。中学生になると、アイデンティティー、つまり"そのものらしさ"とは何かということに興味を持ち始めました。これが広告会社でブランディングを仕事にしたいと思っ

た原点です。

フリーペーパーの営業の際にクライアントと話す中で、直面している課題をヒアリングする機会が多くありました。どの会社にも共通していたのは、自社や自社商品をどのように見せればいいのか悩んでいたこと。自分自身が抱えている課題とまるで同じでした。これは面白いと感じましたね。アイデンティティー探しとブランディングが企業の課題解決につながると確信し、広告業界への憧れが一層強くなりました。

なんでこいつが入社したの?
と言われた新人時代

「広告業界に行きたい!」という確固たる意志があったので、就職活動はかなりシンプルでした。インターンシップはカヤックで経験し、実際に受けたのは電通・博報堂・グーグル・サイバーエージェントの計4社。面接では「ゼロから立ち上げることが自分の武器」とアピールしていました。結果は、電通とグーグルは一次試験で落ち、博報堂とサイバーエージェントは無事内定。どちらに行ってもやりたいことができそうなので悩みましたが、初志貫徹で広告会社の博報堂に就職を決めました。

希望の部署はブランドデザインチームでしたが、デジタル局のエンゲージメントビジネスユニットという部署に配属になり、ソーシャルメディアのマーケティングと企画を担当。入社2年目ぐらいまでは鳴かず飛ばず。「なんでこいつが入社したのか?」とまで言われる始末でした。相当へこみはしましたが、心は折れることなく、「この企業はこうなればいいのに」と妄想したことを元に自主プレゼンを重ねました。知識とスキルを身につけ、一歩前進できたように思います。

転機は、当時新しいコンテンツにチャレンジしたいという思いがあったサントリーにYouTube動画を提案し、実現したこと。C.C.レモン「忍者女子高生」が無事ヒット。そのアナリティクスデータも徹底的に分析しました。結果、当時はバズコンテンツについて詳しい人がいなかったこともあり、周りからもすごく頼られるようになりました。

その後TBWA\HAKUHODOに移り、自分を追い込む意味で「バズマシーン」と名乗るようになりました。

自らの内なる声を大事に。
CHOCOLATEに参画

順風満帆だった入社6年目。ふと「このままではダメだ」という虚無感に襲われます。どれだけ企画が当たっても、世の中を動かしている手応えが感じられなかったからです。それまで一切辞めるつもりはなかったのに、ブランディングに関する1冊の本を読んだ翌日に退社の意思を固め、上司に伝えました。自分の武器であるコンテンツ制作をさらに磨くべく、一から修行し直そうと決心。約5カ月のフリーランス期間を経てCHOCOLATEに参画することとなりました。

CHOCOLATEでは、「世の中にたのしみを増やす」ことをとにかくやっています。その際、自分たち自身が心からそれをたのしみにできているのか、という心の声をすごく大事にしています。

向いているのは、夢想家の人

自分は昔から夢想家の一面も持ち合わせています。カンヌライオンズ広告賞受賞の快挙を成し遂げ、華やかな晴れ舞台に立つ姿を、中学生の頃からずっとイメージしてきたほどです。人から言われなくても「もっとこうしたら楽しい、よくなるのでは」と夢想することが好きで、それを行動に移せる人は、コンテンツづくりの仕事が向いていると思います。

また、息を吸って吐くようにアイデアを考えられる人と一緒に仕事ができればうれしいです。例えば、「どうすれば友人を楽しませられるか」を常に考えているような人ですね。

頭の中にある考えを、紙に書いたり人に話したりするだけで実現できる可能性があるのが、この業界の魅力。面白いものをつくって世の中や人の心を動かし、うまくいくと周りから認められる。「こんなに魅力的な仕事って他にあるの?」と今でも思っています。

広告業界には色々な可能性がある。
スキルを身につけてしまえば、
そこから進路を自由に決められる。

ブルーパドル
アートディレクター/プランナー
佐藤ねじ Neji Sato

1982年生まれ。名古屋芸術大学卒。面白法人カヤックを経て、ブルーパドルを設立。「不思議な宿」「変なWEBメディア」「5歳児が値段を決める美術館」「Kocri」「しゃべる名刺」「貞子3D2」など、様々なデジタルコンテンツを量産中。2016年10月に著書『超ノート術成果を10倍にするメモの書き方』(日経BP)を出版。主な受賞歴に、文化庁メディア芸術祭審査員推薦作品、Yahoo Creative Awardグランプリ、グッドデザイン賞BEST100、TDC賞など。

ハイブリッド黒板アプリ「Kocri」/サカワ

不思議な宿

転校が多く、
相対的に考えるようになった
学生時代

幼い頃は転校を多くしていました。その度にクラスの中で新しいキャラクターを確立しなければならなかったので、相対的な思考が身につきました。周りを観察して、自分はどのポジションで振る舞えばいいのかを考える。それが自分の思考本能の原型だと思います。

今も仕事を選ぶ時には、相対的な思考が無意識に働いています。周りのクリエイターはこういう仕事をする。それなら自分がすべき仕事はこうだ。クラスの中で自分のキャラクターを決めるのと似ています。

イラストを書いたり、モノをつくったりは、幼少期からずっとやっていました。運動や勉強ができる子がいる中で、「絵を描ける」ことが自分の存在意義になっていました。

高校生の頃は、イラストの収集をヴィレッジヴァンガードでしていました。キャラクターを用いた装丁デザインを得意とする寄藤文平さんや、ピタゴラスイッチやI.Q.の生みの親である佐藤雅彦さんの仕事に憧れました。イラストだけでなく、面白いアイデアの要素が入っている。そんな作風に惹かれました。

自分もイラストをやりたいと思い、大学は名古屋芸術大学に進学。でも大学に入ると、イラストレーターやグラフィックをやっている人が結構いた。それで、ちょうど興味があった演劇をやることにしました。そこでも相対的に考えて、このポジションが空いていると見えたのです。4年間、芝居漬けの日々でした。

セールスプロモーション、デザイン、
そして面白法人カヤックへ

芝居に打ち込んでいましたが、舞台系の仕事に行く気はありませんでした。演劇が好きというより、空間の中でアイデアや仕掛けをして「人が反応すること」が面白いと思っていたのです。

広告業界が華やかで憧れがあったので、「広告×空間」で何かをしたいと思うように。つたない情報収集力で、屋外広告や店舗プロデュースを手がけるセールスプロモーション企業に就職します。

思えば就職活動においても相対的な思考が働いていました。大手広告会社は倍率が高い。優秀な人たちが入るだろう。そう思ってはじめから受けず。とにかく無理はせず、分相応な場所で自分らしいパフォーマンスを出せる環境を探しました。

セールスプロモーションの仕事内容をきちんと理解していなかったので、思っていたのと全く違いました。デザインを学ぶことはできなかった。だから半年でスパっと辞めて、デザイン事務所に転職しました。その時の転職活動には、学生時代につくった作品をまとめてポートフォリオにして、応募しました。芝居のかたわらに制作した個人作品が大量にあったので、熱量は伝えられました。

入社したデザイン会社は10人くらいの小さな事務所でした。ここでグラフィックの下積みを4年間経験してから、デジタルコンテンツ制作が強みの面白法人カヤックに転職しました。

面白いだけでなく、
事業的に価値のある仕事を

カヤックを選んだのは、自由に表現ができそうだったから。そしてエンジニアが多くいたからです。実際、モノづくりへの意欲が高い若者がたくさんいて、アイデアをすぐに形にできる環境がありました。仕事以外に実現したいアイデアもあったので、会社で仲間を募って土日に制作していましたね。

カヤックには6年半在籍しました。ただ段々と、自分がやりたいことと会社が目指すところが違ってきていると感じていました。僕は小さいけど面白くて地に足の着いた企画がやりたかった。大企業の案件よりも、企画の自由度が高く一緒に長く伴走できる中小企業と仕事をしたいと思っていました。

自分が向かいたい場所が見えているのであれば、そこへ向かったほうがいい。2016年に独立して、ブルーパドルを創業しました。

カヤックにいた時は、とにかくバズる企画を目指していましたが、今はビジネスがスケールする企画を考えています。経営する側になったことで得られた視点です。面白いだけではなく、事業的に価値のある企画を生み出したいですね。

現在は、広告クリエイティブをやる機会は減っています。広告に限らず、空間系の企画や商品企画、ブランディングやPRの仕事を請け負っています。ジャンルを意識せずに今の自分ができるものをつくっています。

広告の力は色々な業界で
活かすことができる

これからは、広告業界の外にクリエイターが越境していくべきだと思います。役所でも、農家でも、そういった領域へクリエイターがいくことでイノベーションが起きます。

広告業界を目指す人には、業界で身につけた自らのクリエイティブ能力が思っている以上に色々な業界で活かすことができると覚えておいてください。「自分のスキルを使って多様な業界を活性化させたい」、そんな"水平思考"を持った人が求められます。

様々な業界にクリエイティブ人材が散ったほうが良いと言いました。しかし、僕がデザイン会社で4年間の下積みをしたように、学ぶ環境は必要だと思います。まだ自分の芯となるスキルがない人は、広告業界に入って、芯を確立させたらいいのです。業界で活躍している人は、秀でた一芸がありつつ、その一芸に固執せずに、水平思考でスキルを拡張させています。読者の学生の皆さんは、まず一芸を身につけていきましょう。

そして、一度スキルを手に入れてしまえば、世の中の状況に合わせて進路を変更できます。そういう意味で広告業界は、未来が読めない時代にリスク分散的に良いかもしれません。競馬でいうと、馬単1点勝負ではなく三連複みたいな感じ(笑)。白黒をはっきりつけずに、どんな業界でも生きていける能力が身につく。クリエイティブハローワークという印象があります。

狂気的なこだわりや情熱を持った人から、
光るクリエイティブは生まれる。

シモダテツヤ Tetsuya Shimoda

1981年、京都府生まれ。2004年にpaperboy&co.（現GMOペパボ）に入社。2005年にWebサイト「オモコロ」を立ち上げ、2010年にバーグハンバーグバーグ（BHB）を創業。2019年1月に代表取締役を退任。学生時代ぶりにバックパッカーで世界中を訪れ、縁あってタイの山奥へ移住。1年の充電期間を経て、2020年秋より京都精華大学の客員教授に就任。

バーグハンバーグバーグ（BHB）の代表取締役を退任した後に、タイの山奥の村に移住。
観光を生業にしていた現地の村が新型コロナウイルスによってダメージを受けているの見聞きして、「意味もなく小屋を建てるプロジェクト」を発足した。

お笑いに携わる仕事がしたかった

とにかく人を笑わせたい一心で、小中学校では4コマ漫画やお笑いネタをつくっているような子どもでした。中学、高校生の頃には漫画家かお笑い芸人になりたいと思っていました。けれども、高校の卒業間際にコンビを組んでいた相方に振られ、ピンでやるなんて思いつかず…。インターネットもなく情報も出回っておらず、他に芸人になる方法がわからなかったのです。そのまま大学に入学し、家のパソコンがインターネットにつながり、面白い文章をつづるテキストサイトを目の当たりにします。そこでWeb上でお笑いをやる方法があることに気づき、これだったら自分にもできるかもと思って、コンテンツをつくり始めました。それが人に見てもらえたり、雑誌やテレビに紹介されたりして手ごたえを感じました。

人と違うことがしたい、人と被りたくないという思いもありました。それは、パイが少ないところで始めたほうが、チャンスは大きいと思っていたから。一方で人と被らないということは成功例がないということ。そういった道に飛び込むのはもちろん怖いですが、覚悟を決めて進むと、人よりも半歩先に出られるという感覚がなんとなくあります。

就活にハマってのめり込む

テキストサイトを運営したり、バックパッカーをしたりしているうちに単位がギリギリ取れず、わざと留年をしました。単位取得に追われると就職活動がおろそかになりそうだったから。それで1年間の猶予ができて、就活は余裕をもって進められました。始めてみたら、色々な企業を見るのが楽しくてしょうがなかった。面接も説明会も、業種を問わず、幅広く数十社も受けました。いくつか内定をもらったのですが、最終的にはpaperboy&co.（ペパボ）を選びました。

ペパボは当時僕が運営していたテキストサイトのサーバ管理会社。問い合わせ対応が良くて、ふと思い出して応募しようとしたら、その時期に社員募集をしていなかった。でもこれはライバルがいなくてチャンスだと思い、メールを送ったら、

ちょうど社長の家入一真さんが僕のサイトを知っていたのです。そこから会うことになって、面接をしたら、とんとん拍子で内定をいただきました。

能力の2個持ちが大事

サイトが評価されたので、てっきり企画の仕事を任されると思っていたら、マーケティング部に配属されました。自分は直感を大事にする右脳派だと思い込んでいたので、最初は左脳的な数字の分析に拒否反応がありました。でも振り返ると、その経験が本当に役に立ったと思います。企画をロジカルに説明し、冷静に第三者視点で判断できるようになりました。最初からプランナーを任されたとしたら、「この企画、面白いでしょ？」と考えなしに言ってしまうダメな人になっていたかもしれません。

マーケティングのスキルを持てたことは、後々クリエイティブチームに混じった時に、チーム内で人と被らない特異な能力にもなりました。読者の方々に伝えたいのは、自分が信じる得意な能力で勝負をしてしまいがちですが、それとは別の能力を持つことの重要性です。自分が一番メインに据えたい能力に対して、セットで持つとプラスになる能力を考えて身につけると、すごい武器になる。逆に、自分の得意な領域以外を軽んじてしまう人は、望んだ活躍ができないと思います。例えば、「自分は人とコミュニケーションをとるのが苦手だから、デザインだけを極めよう」と考えてしまう人もいると思います。しかし本当はコミュニケーション能力も持っているほうが強い。自分のデザインを通すプレゼン力です。複合的に能力を組み合わせてみてください。

オモコロとBHBの立ち上げ

24歳の当時、他のテキストサイトをやっている人たちは就職するとやめてしまうことが多かった。才能あるのにもったいないなと思って、それなら企業がバックアップする副業的にできるメディアがあれば続けてくれるのではと思い、24歳の時にペパボの社内研究制度を利用してオ

モコロを企画します。しばらくはマーケティング業務が中心で、業務時間外にオモコロを運営することに。オモコロに集中したいと思い、バーグハンバーグバーグ（BHB）を29歳で起業します。ペパボ在籍の5年間で、お笑いとプロモーションをかけ合わせる実験的な取り組みを任せていただき実績を積むことができました。だからこそBHBの構想に自信を持つことができたのもあります。いきなり起業せずに助走期間があったからこそ、長年経営できたのかもしれません。

狂気や覚悟を持ってほしい

自分の後輩にするならやっぱり気持ちのいい人のほうがいいです。ポジティブに物事を捉える人。そういう人のほうが入社してから周りに好かれる。ポジティブって、生まれつきではなくてマインドコントロールだと思います。言霊という言葉もありますが、「自分はポジティブだ」と暗示をかけていくと、思い込みでそうなっていきます。例えば、「就活、嫌だなー」とみんなが揃って言ってしまう現象。周りと共感したいから発している言葉だと思います。けれども、そこで、「僕は楽しんでる！」と言い続けていたら、そういう自分になっていくし、何かしら楽しいことも見つかっていきます。

あとは、こだわりを持ってほしいなと思います。企画をつくる時に大切なのは、一人の狂的なまでのこだわりや情熱です。企画ってある意味で発明。大勢でアイデアを出し合って多数決で決めるという民主主義では、企画に熱がこもりません。そうではなく、自分自身にもよく理解できていない狂気的なこだわりを、言語化できるまで落とし込んで形にしていく。その先に生まれる企画は強烈な光を放つように思います。

今は、ウケる方程式がわかりやすい世の中だと思います。例えばTwitterで"いいね"数が示され、民主主義のように評価が可視化されます。つい評価されやすい道に行ってしまいがちです。でも狂気をともなった表現は、楽ではない分、方程式で簡単にまねをすることができません。若いうちから、そういう狂気や覚悟を持つことが大切だと思います。

社会に貢献できる職業・広告クリエイター。
目指すは「ノーベル平和賞」。

arca
代表/クリエイティブディレクター
辻愛沙子 Asako Tsuji

1995年生まれ。中高時代をイギリス・スイス・アメリカで過ごす。慶應義塾大学への進学を期に帰国。在学中の2017年4月にエートット（カラス）に入社。社会派クリエイティブを掲げ、「社会性のある事業」と「世界観に拘る作品」の両軸で多数のプロジェクトを手がける。2019年4月には女性のエンパワーメントやヘルスケアを促すプロジェクト「Ladyknows」を発足。また、日本テレビ「news zero」で水曜日のレギュラーコメンテーターも務める。2019年10月にarca（アルカ）を創業し、代表取締役社長を務める。

自分を最大限に表現する女性にフォーカスしたミルボンの
ブランド広告「MILBON ICONIC GIRL」/ミルボン

LAWSONスイーツ企画/ローソン

「女子力」って何だろう。MILBON ICONIC GIRLの一般公募広告/ミルボン

トータルプロデュースしたタピオカ専門店「Tapista」/TAPISTA

Tapista×選挙へ行こう！
キャンペーン/TAPISTA

生きづらさを感じた学生時代

幼小中一貫校に通っていたのですが、「ごきげんよう」が朝の挨拶なぐらいルールが厳格な学校で、自分を取り巻く世界の狭さや偏った環境に危機感を覚え、中学1年生で自主退学。新しい刺激や環境を求めて、高校卒業まで海外で学生生活を送りました。大学は、自由な校風に惹かれたのもあり慶應義塾大学湘南キャンパスへ。ところがいざ入ってみると期待と裏腹に、刺激や学びが足りない場所だと感じてしまい…。外に出たいという思いが強くなり、大学2年生の時に広告会社エードットのインターンシップに参加しました。

生きづらさを感じていた青春時代、アニメや映画をはじめとした日本の映像カルチャーの存在に救われた経験から、将来映像の仕事に携わりたいという気持ちをずっと持っていました。そして映像の中でも、良くも悪くも多くの人にメッセージを届けられるのが広告業界だと思い、目指すようになったのです。エードットのインターンシップでは、当時募集していなかったクリエイティブ職を志願。半ばねじ込み状態でしたが（笑）、希望を受け入れてもらえたことには本当に感謝しています。そこで「社員にならないか？」と声をかけてもらったことがきっかけで、インターン開始2週間で入社。仕事が忙しくなっていき、大学の休学を決めました。

社会課題を意識するようになるまで

ナイトプールのイベントプロデュース、スイーツの商品企画など、入社当時、自分自身が大学生の年代だったということもあり、Z世代の女性をターゲットにした案件中心にクリエイティブディレクションをしていました。得意としているのは、女性向け案件に社会の課題解決をかけ合わせた手法です。2019年にタピオカ専門店の「Tapista」をプロデュースした例で説明します。空間設計からコンセプト設計、ネーミング、ロゴデザイン、SNSを使ったPRまでトータルで担当したのですが、中でも話題になったのが「Tapista×選挙に行こう！キャンペーン」。2019年7月の参議院議員選挙当日、投票所でもらえる投票済証明書や投票したことがわかる画像を提示すると、タピオカドリンクが全品半額で購入できる仕掛けです。若年層の投票率向上のための呼びかけとして、インフルエンサーである著名人がキャンペーンを紹介したり、Tapistaのキャンペーンツイートが拡散したりと、SNSを中心に大きな話題となりました。テレビにも取り上げられ、選挙当日の渋谷店は大行列ができるほどでした。

最初から社会課題に取り組もうとしていたわけではありません。発端はナイトプールやTapistaなど当時担当していたプロジェクトで、女性が好むカルチャーやトレンドの裏に社会の偏見があると感じたこと。女性や若年層のトレンドは軽率でくだらないモノであるという空気が、担当ブランドのお客さまに向けられていることに違和感があったのです。彼女たちは誰を傷つけているわけでもなく、純粋に好きなものを楽しんでいるだけなのに。

このTapistaの経験がターニングポイントになり、クリエイティブの力で社会課題に貢献しようと注力していきます。例えば、女性のエンパワーメントを掲げる「Ladyknows」プロジェクトを自社で発足。若年層女性の健康診断の未受診率が非常に高いというデータに課題を感じ、協賛企業を募り、参加者がワンコインでレディースドックを受けられるポップアップイベントを企画・運営しました。

私が目指すのは、性別問わず誰もが自由な選択肢を持てる社会。ジェンダーギャップがまだまだ根強く存在する日本で、ヘルスケアや就業など様々な領域において課題提起や解決に向けたアクションを起こしていきたいと思っています。

自分が動くことで時代の潮流を動かせるかもしれない

裏方のイメージが強いクリエイターですが、私は自ら手がけた案件をSNSで初期拡散したり、テレビ番組のレギュラーコメンテーターを務めたりと、クリエイティブアクティビストとして表に出る活動に挑戦しています。つくるだけでなく発信の場を同時に持つことで、クリエイティブにより説得力と広がりをもたせることができ、時代の潮流を動かすことができるかもしれません。

年間約7兆円もある広告市場を、少しでも社会がより良くなる方向に活かしていけないだろうか。その思いで、社会課題×クリエイティブを掲げ、今後も活動していきたいと思っています。特に興味があるテーマは、人の生活に根ざしている社会課題。一例を挙げると、低学年向けの性教育やジェンダーステレオタイプに向き合う幼児教育など。自分自身の生き方にも表れていると思うのですが、自分が携わる案件は、"らしさ"（＝固定概念）を壊していきたい。企業と連携し、その呪縛を解き放って、誰かを救いたい。クリエイターが目指すところは本来「カンヌ広告賞」なのかもしれませんが、私が目指すのは「ノーベル平和賞」です。

広告クリエイターは、倫理と利益の橋渡しをしていく

広告に向いている人のポイントは2つ。1つ目は、柔軟で自由な人。クリエイターの仕事は「これじゃなければいけない」という既成概念がない世界。あれもこれもやりたい欲張りな人が向いていると思います。人を巻き込む力や、時代に応じて変化していく力も必要です。2つ目はタフで元気な人。この仕事は、一つの企画を実現するために、全てのステークホルダーの思いや願いをくみ取り、形にしていかなければいけません。そのために、ニュースから街で見かけた看板まで日常生活のあらゆるものがアイデアの起点になり得る仕事です。いつでもアンテナを立てていられるタフさが必要だと思います。

これからの時代、倫理と利益は二項対立ではなく相関関係のあるものになっていくでしょう。その橋渡しの役割の一端を広告が担うのではないかと考えています。企業の社会起点のアクションがプラスアルファのボランティアではなくもはやビジネスに直結した課題になっていく時代。NPOのみならず、企業が真に社会に向き合っていくために、広告クリエイターが貢献できる領域がまだまだたくさんあると感じています。そして社会をより良くする責任がある職業だと強く思います。

企画力は、価値を何十倍にも高められる
魔法のようなもの。
好奇心と遊び心で世界を面白くしよう。

Creative Project Base
代表取締役/Creative Project Director
倉成英俊 Hidetoshi Kuranari

1975年生まれ、佐賀県出身。2000年電通入社。クリエーティブ局に配属以降、広告のスキルを拡大応用し、各社新規事業部とのプロジェクトから、APEC JAPAN 2010や東京モーターショー2011の総合プロデュースなど、さまざまなプロジェクトをリード。2014年、個人的B面を持った社員たちと電通Bチームをスタート。2015年、アクティブラーニングこんなのどうだろう研究所設立。2020年7月、Creative Project Baseを創業。

APEC JAPAN 2010

電通B
チーム

電通Bチーム

東京モーターショー

発明家を目指す青年が
広告と出会うまで

　小学1年生の時の将来の夢文集には「発明家になりたい」と書いていました。「みんなと違うことを書いて目立っちゃえ」という気持ちで書いた夢は、先生からベタ褒めされ、文集のコピーが出回るほど話題になりました。そのコピーがおじいちゃんの家の壁に貼られ、とても喜んでもらえたことは忘れられません。その後も「発明家になって世の中を面白くするぞ」という思いを持ち続け、東京大学の工学部機械工学科に進学しました。

　転機は大学4年生の夏。周りはほぼ大学院に進学すると決めていた中、自分は本当にそれでいいのか？　という気持ちが生まれました。一度立ち止まって考えてみた時に気になったのが、「広告の言葉は誰が書いているのだろう」ということ。コピーライターという職業があることを知り、ふと手に取ったのが宣伝会議の『広告界就職ガイド』という本でした。そこで、自分と同じ機械工学科出身のコピーライター・神谷幸之助さんが宣伝会議主催のコピーライター養成講座に通っていたことを知り、「これだ！」とひらめいたのです。

　大学院1年の4月、人生で初めて"自分が心から行きたいと思う学校"に通うことになりました。そこで、もともと生活に近いところでアイデアを出したかったのだということを思い出しました。『広告界就職ガイド』を手に取っていなかったら、違った人生を歩んでいたはず。「全部宣伝会議のせい」ですね（笑）。

インターンの課題で
カレーを提出

　やりたいことが見つかったので早く就職したほうがいいと思い、養成講座に通い始めてすぐ、電通をはじめ10社の広告会社にエントリーしました。しかし、どの会社も不採用に終わり、その年の就職は諦めたのです。

　その後、電通のインターンシップ「クリエーティブ塾」（クリ塾）の存在を知り、応募することに。お題は「1週間が8日あったら何する？」。「カレーが好きなので、1日余計にカレーを煮込みます」という作文を書き、冷蔵庫にあったルーを刻んでティッシュにくるんで"におい付き作文"として出したところ、無事選考を通過できました。

　クリ塾の課題には全力で取り組みました。当時はコピーライター養成講座の課題とクリ塾の課題をこなすのに、昼夜逆転生活をしていたほどです。結果、クリ塾の最終プレゼンでは2位をいただき、大学院中退後、電通に入社します。

自分のミッションは、
"散在する知恵のハブになること"

　配属されたのは第1クリエーティブ局。コピーライターとしてキャリアをスタートしました。「とにかく名を上げてやるぞ！」との思いで、同期の金井くんと一緒に片っ端から広告賞に応募したところ、なんとグランプリを総なめ。完全にビギナーズラックですが、第1クリエーティブ局に横断幕が張られたほどの快挙でした。その後、受賞がきっかけでラフォーレ原宿の仕事を受注できました。

　一方で、一発ものの広告賞と、クライアントとともにつくり上げていく実際の広告は違うということに気づき、もやもやした気持ちを抱き始めます。他の同期は現場で地道にボディコピーや企画書を書いたり、ディレクションをしたりしている中、自分の企画はなかなか通らない。こんなに忙しいのに、なぜ自分のアイデアがなかなか世に出ないのか…。入社3年目あたりは悩み続けていましたね。

　そこで思いついたのが「自分がクライアントになって（＝お金を出して）、やりたいプロダクトを出す」というアイデアでした。当時は"日常を非日常にする、その日を特別にするもの"をつくりたい気持ちが強く、「紙飛行機の形で届く手紙」を考案。これからも自分の好きなことをやりながら暮らしていきたいと感じていたところ、会社の海外留学制度を知って、バルセロナのプロダクトデザイナーのマルティ・ギ

セのスタジオで半年間プロダクトデザインを学ぶ機会に恵まれたのです。ここでの大きな収穫は、「今（電通に）あるものを組み合わせれば、ありとあらゆることが実現できる」という事実に気づけたこと。これまでと180度考え方が変わったといっても過言ではありません。

　日本に戻ってからは、APEC JAPAN 2010や東京モーターショー2011の総合プロデュースのほか、2014年には新規事業で「電通Bチーム」を立ち上げました。A面（本業）以外にB面（個人活動）を持つ社員たちが集まり、これまでと違うオルタナティブな方法（＝プランB）を提案する組織です。そして2020年7月、独立し「Creative Project Base」という会社を立ち上げました。

　人生における自分のミッションの一つは、"あらゆるところに散在する知恵のハブになること"だと思っています。Googleはネット上での情報の図書館にはなれても、リソースの組み合わせはできない。例えば、日本古来の知恵やエピソードを現代のものと組み合わせて新事業を生むなど、そんなことを進めています。

広告業界に入ってほしい人の
3つの条件

　自分なりの広告業界に入ってほしい人の条件が3つあるので紹介します。(1)一緒にお茶を飲んで楽しい人、(2)野心がある人、(3)心がきれいな人です。一緒にお茶を飲んで楽しい人とは、人間の幅が広く好奇心旺盛でチャーミングな人。野心がある人とは、現状に満足せず成長したい、社会を変えていきたいという気持ちを持っている人。心がきれいな人は、誰かのために自分の才能や時間を捧げられる人を指します。

　好奇心や遊び心を活かし、あの手この手を使って仕事できるのが広告業界です。企画力は、価値を何十倍にも変えられる魔法のようなもの。でも、自己中心的な人が一人いるだけで、その魔法が解けてしまう。3つとも当てはまると感じた人には、ぜひ広告業界に来てほしいですね。

不器用でも、熱い思いがあれば、
自分のやりたいことと広告表現の
チューニングが合う時がくる。

電通関西支社
マーケティング・クリエーティブセンター　コピーライター
日下慶太 Keita Kusaka

1976年生まれ、大阪府出身。神戸大学在学中に、チベット、カシミール、アフガニスタンなど世界中を旅する。同大学卒業後、2001年に電通入社。コピーライターとして勤務する傍ら、写真家、UFOを呼ぶバンド「エンバーン」のリーダーとして活動している。「商店街ポスター展」を仕掛け、佐治敬三賞を受賞。他、東京コピーライターズクラブ最高新人賞、ゆきのまち幻想文学賞など受賞多数。2018年に自身のユニークな仕事と人生をつづった『迷子のコピーライター』を出版。2019年には写真集『隙ある風景』を出版。

文の里商店街ポスター展（2013年8月〜12月開催）

伊丹西台ポスター展
（2014年11月〜2015年3月開催）

女川ポスター展
（ 2014年2月〜5月開催）

ホームセンターで展開された
ツッパリ嬢による「ツッパリの掟」
布教ポスター／平安伸銅工業

2019年に発刊された写真集
「隙ある風景」

2015年より活動しているUFOを呼ぶためのバンド「エンバーン」

**写真、バイト、旅行、商売。
色々やっていた学生時代**

高校生の時に本気でテニスをやっていたので、大学ではテニスサークルに入りました。でもノリが違ってすぐに辞めてしまいました。その後は、写真が好きで、写真を撮っては写真展を開いたりしました。あとはレンタルビデオ屋でバイトをしていたので映画をたくさん見ました。

変なこともしましたね。神戸ルミナリエで、ウォーホールみたいな銀色のカツラを被って、緑のジャケットに赤いパンツをはいて、観光客相手にポラロイド写真を撮っていました（笑）。1枚500円で撮影して、結構稼げたのを覚えています。

自信がなくて、広告を受けた

学生の頃は、とにかく自信がありませんでした。写真でもなんでも、自分よりすごいものをつくる人間はいっぱいいる。もし大学の時に自己表現がうまくできていたら、アーティストや写真家になっていたと思います。

でも、モノづくりには携わりたかった。それで、テレビ・出版・広告を受けました。その中でも広告に憧れました。他の業界よりもクリエイターが個として立っている気がしたのです。

サラリーマンだけど自己表現ができるのがすごいと思いました。大手広告会社に受かるとは思っておらず、広告制作会社を念頭に就職活動をしていました。電通に受かったのはラッキーだったと思います。

選考で気をつけたことは、短時間でいかに自分を出し切るかということ。嘘をついても意味がないし、自分がやってきたことや思いを出し切ることだけを考えました。「それで落ちたらしゃーないやん」と。

就活マニュアルを見てもしっくりこないし、見ていた時期は逆に迷いました。こう答えなければいけないという縛りがあると、自分を出せない。そうではなく、自分らしく勝負しようと思っていました。

内定が決まってからすぐに、学生のうちにできることをやろうと長旅に出ました。中国からトルコまでユーラシア大陸を陸路で横断、特に戦時下のアフガニスタンは衝撃でした。そこには牛乳さえなくて。資本主義とは？幸せとはなんだ？と考えるようになってしまいました。そんな人間が、いきなり広告産業という資本主義のど真ん中に放り込まれました。

**病気になって
本当にやりたかったこと
に気づいた**

理想と現実は全く違いました。「クリエイティブじゃなくて、事務作業やん」ということをひたすらにやっていましたよ。3年目くらいまではずっと辞めたいと思っていました。そもそも広告で何を目指せばいいかがわからなかったのです。

そんな時に、TCCで最高新人賞を取って、「面白いものをつくればいいんだ」と吹っ切れました。それで勢いに乗って、もう一回頑張り直そうという時に、今度は病気をして長期間休まざるを得なくなったのです。

今思い返すと、病気はギフトだったと思います。病気になる前は、広告クリエイターの王道ルートを目指していた。いい仕事をして、有名クライアントを担当し、広告賞をたくさん取る。でも、病気をした時に最前線で働くことができなくなって、そのレースから自然と降りることができました。入院で考える時間もあって、本当に自分が広告でやりたいのは、「面白くて、かつ世の中の役に立つこと」だと改めて思ったのです。

復帰後すぐに「商店街ポスター展」を仕掛けました。地域活性の仕事です。その時に初めて自分のやりたい表現と違和感のない仕事ができた気がしました。考えてみると、それまではずっと、自分を広告に無理やり合わせていたのです。広告と自分の趣味趣向がむすびつくとは思っていなかったからです。でも病気をきっかけに、広告を自分のやりたいことに合わせられるようになりました。

**広告は、幅広い人に
刺さる表現を
考える力が身につく**

広告表現はものすごく学びが多い。もし広告をやっていなかったら、狭い引き出しの表現しかできなかったと思います。アーティストの友人たちがすごくとがったカッコいい表現をしていて憧れたけど、今振り返ると表現が刺さる層は狭いのです。一方で広告は、様々な人の最大公約数を狙う表現なので、幅広い人に刺さる表現を考える力が身につくのです。これは実は僕たち広告クリエイターにしかできない、すごく強い能力だと思います。

今は地域活性クリエイターというキャラクターでやらせてもらっていますが、若い頃に叩き込まれたことが表現に活きている気がします。「難しいものはいけない」や「カッコつけない」、「嘘をつかない」といったことですね。

あとは学生さん向けに言うと、一流のものに接した方がいいです。手っ取り早いのは文学や映画でしょうか。一流の定義とは、長く残っているものです。数年で消えていくものではなく、時代の風雪に耐えているものに接しておくと、世界が広がります。一流のものは噛み砕いたり、吸収したりするのに時間がかかるので、学生時代に触れておくと良いと思います。

**これがやりたい！という
強い思いがあってほしい**

熱量や志が高い人に入って来てほしいですね。広告クリエイターで伸びるのは、広告を自分に合わせることができる人だと思います。だから不器用でもいいので、「これがやりたい！」という強い思いがあってほしい。それを持ち続けていれば、いつか自分の熱い思いと広告表現のチューニングが合う時がきます。サラリーマンをしながら自己表現ができるのは素晴らしいことだと思いますよ。

僕はこれからも、アイデアで世の中を面白く良くしながら、一年に一個は写真、小説、音楽など広告とは別の作品を出していきたいです。

> 広告パーソンの強みは、
> 「アウトサイダー力」と「星座力」。
> 自らのなしえたい何かがある人にとって、
> 同僚は強力なサポーターになってくれる。

電通
第2CRプランニング局 コピーライター／世界ゆるスポーツ協会 代表理事

澤田智洋 Tomohiro Sawada

1981年、東京都生まれ。幼少期をパリ、シカゴ、ロンドンなどで過ごす。17歳の時に帰国。2004年に慶應義塾大学経済学部を卒業後、電通に入社。2015年に誰もが楽しめる新しいスポーツを開発する「世界ゆるスポーツ協会（ゆるスポ）」を設立。また、一般社団法人 障害攻略課理事として、ひとりを起点に服を開発する「041 FASHION」、複数障害者アテンドロボット「NIN_NIN」など、福祉領域におけるビジネスも多数プロデュースしている。著書に「ガチガチの世界をゆるめる」（百万年書房）。

ゆるスポーツ「ベビーバスケ」

ゆるスポーツ「イモムシラグビー」

ゆるスポーツ「トントンボイス相撲」

石川県中能登町で行われたファッションショー「切断ヴィーナスショー」
11人の義足の女性をモデルにした写真集『切断ヴィーナス』
（白順社）の出版をきっかけに、そのモデルらが写真集を飛び出し、
それぞれの個性を表現した。

R25で連載していた4コママンガ
「キメゾーの 決まり文句じゃキマらねぇ。」

1年間に二言しか話さなかった学生時代が根底にある

帰国子女で、高校3年生まで海外を転々としていました。その時にクラスメートと心を通わすことが一切できなかった。学校内で1年間に二言しか話さない、透明人間のような学生でした。あの孤独感は、今でも強烈に覚えています。このようなマイノリティー体験を持っている人は、世界中にいるに違いない。そういった人たちの力になりたい。その思いが、今の自分の根底にあります。

帰国後は、バンド活動にのめり込みましたね。孤独期間の鬱屈したものがたくさん溜まっていたので、音楽で表現していました。図らずも共感してくれる人が大勢いて、インディーズでデビューもします。週に4回くらいバンド活動をし、月に2回はライブ、年に1回はレコーディングという暮らしでした。

広告会社で学べば怖いものはないと思った

就職活動は単純にインプットの場として面白かったです。とにかく色々な人に会い、様々な会社を受けました。おそらく60社くらいは受けたと思います。

その中で広告会社を選んだのは、OB訪問をした時に明らかに他社の人と考え方が違ったからです。エントリーシートのアドバイスも、「バンドをやっていたなら、志望動機の最初に歌詞を3行書け」と言われました（笑）。突拍子もなく思えますが、この人たちはコミュニケーションの達人だと痛感しました。伝えようという迫力が強い。どの仕事に就くにしてもコミュニケーションは大切なはずだから、広告会社で学べば怖いものはないと思いました。

他にも広告業界を意識したエピソードがあります。アメリカに住んでいた時に、海軍の隊員募集のCMを見て、実際に入隊したクラスメートが3人いたのです。海軍をアメコミのスーパーヒーローのように描き、最後は「君の入隊を待っている！」と締める。かなり大げさなCMで僕は苦手でした（笑）。しかし、人生やキャリアすら変えてしまう広告の威力や即効

性を目の当たりにしました。

面接では生い立ちの経験を伝え、「電通をプロデュースして、孤独感を抱えている人をゼロにしたい」と話したのを覚えています。広告会社の知見を活用して、広告という領域に留まらずに、マイノリティーに光を当てる大きな仕事をしたいと力説していました。

一過性でなく、サステナブルな関係をつくる

当時は、初年度のクリエイティブ配属はありませんでした。だから、1年目に営業を経験し、2年目からコピーライターになりました。でも帰国子女だったので、日本語が苦手でした（笑）。そこで複雑な日本語の言語構造の研究を3年間かけて、みっちりやりました。その時のノートは20冊くらいになりますが、今でも持っています。

20代後半からは少しずつ広告領域外の仕事もやり始めました。フリーペーパーで「キメゾー」という漫画を連載していました。6年間続きました。広告会社発でキャラクター開発してみたら、キメゾーとコラボしたいというメーカーが何社も名乗り出てくれて、広告仕事になることも。これが一つのターニングポイントです。一過性の広告キャンペーンではなく、長期的にサステナブルにクライアントと関わっていく未来が見えました。

世界ゆるスポーツ協会も、同じく長期的な目線で進めています。スポーツが苦手なスポーツ弱者の人たちを世界からなくすことをミッションに、協会立ち上げから5年半で90個の新しいスポーツをつくり出しました。一つ新しいスポーツを提示しても、強者もいれば弱者もいます。その弱者に向けてさらに開発していく。いい意味でいたちごっこです。そうやって無限につくっています。この取り組みにクライアントも共感してくれて、サステナブルな関係を構築できています。

「アウトサイダー力」と「星座力」を持つ最長老に。

自分の理想は、マンガ『ドラゴンボール』に出てくるナメック星人の最長老のよう

な能力を発揮することです。若い読者には伝わらない例えですみません（笑）。最長老は、人の頭に手を乗せると、その人の潜在能力を引き出す力を持っています。僕もそうなりたい。企業に対しても、マイノリティーに対しても、彼らの能力を開花させるようなことがしたい。スポーツが苦手な人でも楽しめる種目を考えているのも、その人たちの能力を最大化させるためです。

広告パーソンの強みは、究極の「アウトサイダー力」だと思っています。告白する人ではなくて、告白する・告白される2人に対してアドバイスをする人。その立ち位置で、客観的に観察し、魅力を抽出してあげる。

時には人と人、情報と情報を結び合わせて、ネーミングして、魅力的なパッケージにする。僕はこれを「星座力」と呼んでいます。星と星をつなげて牡牛に見立てて牡牛座にしてしまうような能力。

「アウトサイダー力」と「星座力」。これこそ僕が広告業界の先輩たちから引き継いできたことで、心がけていることでもあります。

会社は良き相棒になる

「マイノリティーをゼロにする」が、僕の人生のコンセプトです。すごく壮大な課題ですが、広告業界のリソースをうまく使うことで実現できると思っています。世界ゆるスポーツ協会を立ち上げた時も、周りのマーケターやクリエイターに協力してもらいました。広告業界の人たちは、短期間でプロジェクトをまとめ上げて、キャンペーンを実施することに慣れています。彼らがサポートしてくれると圧倒的なスピードで実現できてしまいます。僕一人だったら、ここまで短期間でゆるスポを確立できなかったはずです。自らのなしえたい何かがある人にとって、広告会社の同僚は強力なサポーターになってくれるはずです。

僕は普段電通のことを「電通さん」と呼んでいます。あくまで、ゆるスポが主体なので（笑）。付かず離れずの関係。週末婚みたいな間柄でしょうか。そんな立場でも、いざという時には力を貸してくれる心強い相棒ですね。

第一線のクリエイターの就活話を振り返って

はじめにお伝えしておきますと、
ここに出ている方々が全てではなく、
もっとたくさんのすごい方がいて、もっとたくさんのすごい方法があります。
しかし全てを紹介すると広辞苑くらいのページ数になってしまう。
だからアートディレクション・デザイン編の編集長の井本さんと
デジタルクリエイティブ編の編集長の大瀧くんと
マスナビBOOKS編集部の皆さんと相談して泣く泣く絞りました。
そういった前提のもとで、振り返ります。

印象的だったのが、
最初から「広告に行くぞ！」といった明確な意思を持った人が多いわけではないということ。
そして、広告に入ってから自分の道を見いだした人が多かったことです。
たしかに「僕の夢は広告をつくることです！」という小学生はあまりいませんね。

また、皆さんに共通していたのが、
色々やりたいけどな〜何がいいんだろうな〜と悩んでいる人たちが多いこと。
そういった人たちの受け皿になっている。
「多種多様な仕事をやるから、その後の人生のリスク分散に良い」
といった納得の意見もありました。

それにしても、第一線の方々がほぼ皆さん
思ってもいなかった道に進んでいるっていうのが面白いですね。
だから安心していただきたいです。
今、自分の能力を完璧に把握できている人など
ほぼいないはずです。

その上で、どういう就職活動をすればいいのか？
以下、浮かび上がってきた項目です。

①魅力をシンプルに表現すること
過去や直近の出来事をつぶさに振り返ってみて、
要するに「自分ってこうなんだ」や、
「自分がやりたいことってこうなんだ」など、
キーワード化することで記憶に残すのも効果的なようです。

②嘘をつかないこと

自分を正直にさらけ出せば、後悔をしない。
というのが、多くの方に共通していました。
嘘ついて入社しても、あとあと苦労しそうですし、
面接官をやっていると盛っているのがわかってしまいます…。

③楽しむこと

自己PRの大会だと思ってみたり、
面接官を飲み屋で隣に座ったおじさんだと思ってみたり、
とにかく大量に受けて多様な業界を知ってみたり。
自分なりの解釈で、ポジティブに就活を楽しめば
それが結果につながるようですね。

④全然違うジャンルの人こそ目立つかも

新しい文化は、異文化の衝突でこそ生まれます。
あなたが今広告に全く関係ないことを学んでいるとしたら、
それこそが価値なのだと考えてみましょう。

と、列挙してみて思いましたが、なんと！ 上記の項目はそのまんま広告の技術だったりします。

商品やブランドの本当の魅力を見つけて、
嘘をつかずにシンプルに表現する。
つくり手側のマインドとして、
領域を横断しながらポジティブに仕事を楽しむとそれが伝わる。

これに尽きる気がしております。
だから、仕事の予行練習として、
自分というブランドを広告として表現する
そういった課題だと思って臨んでみたら
面白いのではないでしょうか。

ちなみに「偉そうに言っているお前はどうなんだ」といった声が聞こえてきそうなので、
当時のエントリーシートを120ページで晒します。
恥をかいてこそ人は成長する、という言葉を信じて…。

まなぶ　たくみ

KURI-KATSU 2

KURIKATSU Second :
A Job Hunting Book for Creators

JOB H... ...RITERS

若手プランナー・コピーライターの就活

Job Hunting Histories of Young Planners & Copywriters

就活生の皆さんと近い世代で活躍中の先輩にお話を伺いました。就職活動時にはどんな悩みを抱えていたのか？ そして、今はどんな仕事をして何を感じているのか？ 若手でも活躍しやすい業界に変化していると気づきました。

-Inter...
-Work...
-Stud...

P54_P81

Kenta Kuzuhara
Mai Miura
Kenta Suzuki
Yoshifumi Yanai
Naho Momoi
Tsubasa Yoshikawa
Reika Ogi
Tomoaki Hirano
Marie Otsuka
Yoji Ando
Wataru Material Seki
Mai Mimori
Mizuki Hiramoto

13 YOUNG CREATORS

クリエイティブ採用2021

電通
プランナー/コピーライター

葛原健太 Kenta Kuzuhara

1989年大阪生まれ。慶應義塾大学大学院卒業後、2015年電通入社。2017年度、ヤングカンヌ日本代表。ACC TOKYO CREATIVITY AWARDS フィルム部門銅賞／ソーシャルメディア部門賞、PRアワード銅賞、JAA広告賞消費者が選んだ広告コンクールメダリストなど。主な仕事に、日清食品 どん兵衛「クリスチャン・ラッセン、かき揚げを描きあげる。」、カップヌードル「新・海・誠ヌードル/2分がうまいんだよ」、大正製薬 リポビタンD「ファイト不発」、明治「#待つ潤」、ONE PIECEテレビCM「全伏線、回収開始。」、クボタ「米米米米」など。

『ONE PIECE』96巻 テレビCM「全伏線、回収開始。」/集英社　©尾田栄一郎/集英社

フカセ暗号ジェネレーター

本命以外にも手を出す。恋愛工学と就職活動。

コンプレックスをこじらせた学生時代。見返したい

　大学の頃はちょうど学生起業がはやり始めたタイミング。僕も2年生の時に、「manavee（マナビー）」という動画プラットフォームのサイトを仲間とつくりました。高校生が無料で授業を見られるサービスです。その時はデザイナーとして参加したのですが、このサービスがメディアに取り上げられて、少し話題になりました。世の中に自分のつくったものが出て、ユーザーが付いているという実感がすごくうれしかったですね。それがモノづくりの原体験です。

　大学院に進学した後は、コンピューターサイエンスを学びながら、インターンシップで出会った仲間たちとアプリを開発し

56

ていました。そのアプリは、プロダクトの評判は良かったものの、ユーザーが広がっていかないという課題がありました。そこで「広げるといえば広告だろう」と思い、電通のインターンを受けたのです。それがすごく面白くて、広告に興味を抱きました。

実は、電通のインターンは受かるわけがないと思っていました。僕が中学校3年生の時に付き合っていた子が、天才的なクリエイターだったのです。絵もうまいし、言うことも知的で、その子と一緒にいることが自分のクリエイティブに対するコンプレックスをこじらせていきました。今も全く自信がないのは、それが原因だと思います。

その子には絶対に勝てない。でも負けたくない、いつか自分のクリエイティブで見返したいという思いが、学生時代はずっとありましたね。だから『左ききのエレン』（編注：広告業界を舞台にした漫画。非凡なクリエイターと凡才なデザイナーの群像劇）は実体験に近すぎて、直視することができないです（笑）。

恋愛工学と就活論

就職活動では、とにかく相手が何を求めているかを考えていました。例えば電通ではデジタル人材が求められていたので、それに沿った受け答えをしました。あとは自分のプロダクトが広がらなかった経験から、広げ方や伝え方を学びたいとも言いました。

「クリエイティブしかやりたくない」と言ったのも覚えています。強気な発言ができたのは、他にも選択肢があったからです。内定をいくつかもらっていましたし、自分で起業するという選択もありました。恋愛工学でも、1人を狙うと焦ってうまくいかないけど、5人を同時に狙うと焦らないみたいな話があるそうです（笑）。本命を受ける前に他にも道を用意しておくのは、就活の時にはとても大事なことだと思います。

勝手に打席に立った1年目

僕はCMを全く見ない学生だったので、最初の頃は勘所がつかめなくて、悩みま

した。褒められても否定されても、なぜそう言われるのかが全くわからなかったのです。そこでデジタルの知見を活かしたプロダクトを開発したり、自分の得意分野で貢献できるポイントを探したりしました。そんな時につくった、SEKAI NO OWARIのFukaseさんの暗号ジェネレーターがきっかけで、色々な人に声をかけてもらえるようになったのです。

1、2年目は、先輩からみても「こいつはどういうヤツなんだろう」というのがわからないから、打席が与えられません。だから世の中に対して勝手に自分から動いて、それがそのまま自己紹介になるという形が良かったと思います。

記憶に残っているのは、漫画『ONE PIECE』（集英社）の「全伏線、回収開始。」キャンペーン。『ONE PIECE』が伏線と同時に語られがちであるという着想から生まれた、ファン心理に沿った企画です。僕は、あまり広告の匂いがしないコミュニティー文脈を踏まえた企画が得意で、うまくハマりました。

過去と今と未来を比較しても しょうがない

仏教の思想に強く影響を受けているのですが、将来的な目標というのは考えないようにしています。数年前の自分と比べても、価値観が劇的に変わっていて、だから5年後にどうなっていたいかと考えても意味がない。過去と今と未来の比較をしてもしょうがない。現在の改善に集中したいと思っています。

正直に言うと、入社した時は、周りのスタートアップ界隈に刺激され、いつかまた自分で最新サービスをつくって、会社を立ち上げたいと思っていました。でも現在は新しいものではなく、残り続けるものに価値を感じます。残り続けるも

のとは、例えば身近な人との関係性。だからこそ、今はクライアントと並走してパートナーのような関係値で課題解決をしていくことに集中しています。

コンプレックスが 成仏した瞬間

広告業界に入るなら、エゴが強いほうがいい。企画がとがるし、面白くなります。エゴが強いというのは言い換えると、世の中に対して言いたいことがちゃんとある、ボーっと生きていないということです。

この業界には本当に多様な価値観の人がいます。でも周りの人から価値観を押しつけられることはありません。むしろ、多様な人の中で自分の価値観が相対化されて明確になっていきます。エゴは許されるし、むしろ信用につながっていくと感じます。

その点、僕の学生時代は世の中に対してのエゴは薄かったように思います。それよりも中学生の時の彼女へのコンプレックスが動機でした。でも今もクリエイティブに自信がないからこそ、全てを吸収してやろうという気持ちでやっています。たくさんのクリエイティブの事例を集めて、なんとか血肉にしようと、成功要因を徹底的に分析しています。僕がうまくやれているとしたら、それが理由かもしれません。

ちなみに、その彼女とは電通に入ってすぐの頃に、ランチをする機会があったのです。すごくドキドキしながら会ったのですが、一言目で「なんか浪人生みたいだね」って言われて、過去の自分が成仏した気がしたんです。そこから新たな自分を再構築して今に至ります。

学生時代に立ち上げた動画プラットフォームサイト「manavee」

学生時代に立ち上げたご飯探しアプリ「Umamy」

電通
コピーライター/CMプランナー

三浦麻衣 Mai Miura

1991年生まれ。宮城県出身。東北大学都市・建築学専攻修了。2017年電通入社。コピーライターとしてクリエーティブ局配属。「夜の避難訓練」(福島民報社・ラジオ福島)で2020年TCC新人賞受賞。

おくる福島民報 / 福島民報社

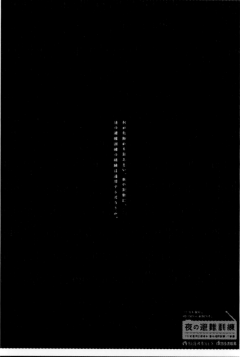

夜の避難訓練 / 福島民報社・ラジオ福島

広告の仕事はどんな知識・経験も活かせる。

高校時代にアートを"使う"という経験をする

　小さい頃から絵を描くことやアートに触れることが大好きでした。両親がたくさん習い事をさせてくれたのですが、興味のないものはすぐに辞めてしまい、長く続けられたのが絵の教室でした。

　高校生の時、地元・宮城県の「はっぴい・はっぱ・プロジェクト」という企画に参加したことで、アートを何かのために"使う"という体験をしました。それは、仙台市のシンボルであるケヤキ並木の伐採が決まった時、賛成の人も反対の人も一緒になって、ケヤキの木に対する感謝を表現しようと立ち上がったプロジェクトでした。私はケヤキの木への思いを絵で表現しましたが、ダンスや言葉で表現

した人もいました。伐採に対して、単に意見を衝突させるだけで終わるのではなく、アートを通じてケヤキ並木への愛着をみんなで分かち合えた瞬間でした。

そんな経験から、アートをより深く学んでみたい、美大に進学したいと思っていたのですが、理系科目が好きだったこともあり、最終的には東北大学工学部の建築学科へ進みました。芸術的な部分と論理的な部分の両方を併せ持つ建築デザインにのめり込み、大学院にも進学しました。建築は自分一人の力だけでは到底建てられないからこそ、なぜ建てるべきか、社会にとってどのような良い影響があるのかを、人に説明する力が求められます。広告も必ずクライアントと一緒につくり上げていくものなので、少しだけ今の仕事に通じている部分があるかもしれません。

建築を勉強していくうちに、自分は手を動かして設計するフェーズよりも、まず何をつくるのか、最初のコンセプトを考えるところが好きなのかもと気づきました。卒業設計では、フェミニズムをテーマに「見る／見られる」の関係に着目した女子刑務所とアイドル劇場の複合施設をつくり、賞をいただきました。実際には絶対に建たない建築ですが(笑)、自分が考えていることが形を通じて誰かに伝わっていく感覚を味わって、これだ！と思いました。それと同時に、建築以外でも同じようなことをやってみたいと考えるようになったのです。

コミュニケーションデザイン
との出会い

広告業界へ関心を持ったのは、アートディレクターの森本千絵さんをテレビで見たことがきっかけでした。人の気持ちを揺さぶる「コミュニケーションデザイン」という仕事をそこで初めて知り、魅力的に感じました。

修士1年の時に、電通のアートディレクターのインターンシップ「デザインサマースクール」に参加することができました。デザイン技術は美大生の方たちに全く及ばずでしたが、自分なりのアイデアや企画力を評価していただいたのが自信になりました。インターンに参加し

たことで、自分の強みにすべきところを知れたように思います。

本選考では、主に大学でやってきたことを話しました。建築のコンセプトやアイデアの考え方は、きっと広告の仕事にも通じるはずだと思っていたので、広告の勉強をしていなくても堂々と話すことができました。

「アイデアとコピー」
考え方に大きな違いがあった

入社後の研修を終え、配属先が決まりました。もともとクリエイティブ職を希望していましたが、コピーライターという肩書きをもらったことには、正直驚きました。学生時代は模型や絵で自分の考えを伝えることが多かったので、配属直後は、言葉だけで伝えることの難しさに戸惑いました。文章もへたですし、この仕事は自分に合っていないのではと悩む日々。「アイデアを考えること」と「コピーを考えること」は、似ているようで全然違う技術でした。

正直今でも、悩んでばかりです。でも最近は、コピーに対する捉え方が変わってきました。言葉はアート的な表現手法とも言えるし、時には課題を解決する手段にもなります。言葉を"使う"ことを学んだことで、以前よりその力を信じられるようになりました。

初めて触れる「言葉」の力

これまで手がけた仕事で、特に言葉の力を感じることができたものが2つあります。1つ目は「おくる福島民報」です。東日本大震災後に県外へ避難した福島県民にふるさとの情報を届けるため、新聞を手紙として郵送できるようにした企画です。「いつもと違う新聞が急にポストに入っていたら面白そうだな」と思ったのがアイデアの始まりです。そこに、先輩方が言葉を使って文脈をつけてくれました。新聞を誰かに送りたくなる気持ちを言葉によってつくりだせることは、すごいなと思いました。この企画は、2018年の初回から毎年実施されています。

2つ目は「夜の避難訓練」です。夜、寝ている状態からラジオの音声を頼りに

避難をする訓練プログラムです。福島民報の社長と話をした時に、「避難訓練は普段昼にしかやっていないから、震災が夜に起こっていたらもっと大変なことになっていたと思う」とおっしゃっていたことをきっかけに、チームで「実際に夜やってみたらどうか」というアイデアにたどり着きました。私はラジオ原稿のライティングを担当し、3月11日の夜、実施することができました。大げさかもしれませんが、自分の書いた言葉で誰かの命を救えるかもしれない、と思うと、大きなやりがいを感じました。私も地元の宮城県で震災を経験したので、とても思い入れのある仕事です。

今後は、コピーライターとして、言葉を使って何ができるのか、もっともっと色々なことに挑戦したいと思っています。大きいことでも、小さいことでも、言葉を通じて日常をより良く変えることができたらうれしいです。

文章経験ゼロだった私が
広告コピーライターに

広告業界は、主体的に何かやりたいことがある人、もしくは、オーダーにきちんと応えたいと思える人、その両方に向いているのかなと思います。

ただ、私は、スキルの面で「これができるから広告業界に向いている」というのはあまりないのではと思っています。理系のコピーライターはそれが個性になるかもしれないし、他にも色々な経歴の方が実際にご活躍されています。私自身も、コピーを書いた経験が一切ないままコピーライターになりました。もちろん苦労したことも多々ありましたが、コピーを教えてくださった先輩たちのおかげで、今は書くこと、伝えることがとても楽しいです。もちろん建築を勉強してきたことも後悔していません。どんなジャンルのことでも、役に立たないことなんてない。一見すると広告に関係ないような自分の経験や知識が、何かの形で仕事に活かせるのが広告業界の良いところだと思います。何かを伝えることに少しでも興味がある人は、ぜひ一度飛び込んでみてほしいです。

電通
プランナー/ディレクター
鈴木健太 Kenta Suzuki

1996年生まれ。2017年多摩美術大学中退。フリーランスを経て、2019年電通入社。学生時代から数多くの作品を手がけ、電通入社後も「SHISHAMO」「KIRINJI」「羊文学」などのミュージックビデオ監督、「My Hair is Bad」のアートワークデザイン、フルリモート劇団「劇団ノーミーツ」などを手がける。

KIRINJIミュージックビデオ「killer tune kills me feat. YonYon」

My Hair is Bad「life」「love」

Instagramフィルター「#FACEBOY」

2020年に立ち上げたフルリモート劇団「劇団ノーミーツ」

YouTuber「アバンティーズ」のデザイン・企画

映画「TOKYO INTERNET LOVE」

Dear Glenn／ヤマハ

もっと広告の外側へ。

映像の仕事に就きたいと思っていた幼少期

　3歳の頃、人生で初めて見た映画『スターウォーズ』に衝撃を受け、いつか映画監督になりたいと思うようになりました。小学生の頃に、自宅にあったiMacを使ってフラッシュアニメを制作しはじめ

ます。それを、当時NHKで放送されていた『デジタル・スタジアム』という番組に送ってみたら10代の部門で優勝し、たくさんの人に見てもらえたのです。これをきっかけに、自分の作品に対して反応をもらうことが面白いなと思うようになりました。

　高校時代は、本気で映像をつくりたい人をTwitterやYouTubeを使って集め、

「KIKIFILM」というチームで短編映画をつくっていました。できあがった作品はインターネットで公開して、その当時のメンバーとは今もずっと一緒に仕事をしています。

一方、学校の勉強は大の苦手で、悩むこともあった。そのはけ口として、音楽を聞いたり、面白そうな人に会ってみたり、気になったイベントに行ってみたりして、できるだけ自分の知らない世界に触れるようにしてきました。そんな時にネットを通して知り合ったのが、シンガーソングライター・ラブリーサマーちゃんです。彼女から深夜に突然「ミュージックビデオをつくってよ」とDMが送られてきて、その後メジャーデビューまでの作品を監督しました。

独学ではなく
体系的に学びたいと思った

「映像」という1ジャンルではなく、表現方法や視覚伝達についてのスキルを身につけ幅広い表現ができるようになりたいと思い、多摩美術大学の統合デザイン学科に入学しました。しかし、授業を受けて課題をつくるよりも、実際に作品を発表して人に反応をもらうほうがすぐに反応が来て面白い！ と思ってしまい授業よりも仕事に夢中でした。その結果、1年で大学を辞めました。

同時期にラブリーサマーちゃんと映画『TOKYO INTERNET LOVE』をつくって、ありがたいことに映画祭でも上映されました。作品的には成功したといえるかもしれないのですが、制作中は苦労の連続で、体調を崩すほど。映画をつくることの大変さを思い知りました。映画をつくるにはもっと経験を積まないと難しい、そのためにはもっとたくさんの人と色々な仕事に挑戦しなければと強く思いました。

ターニングポイントになったのは、リオ五輪の閉会式でした。最新のテクノロジー表現や見事な企画演出で、東京オリンピックに対する世の中のワクワク感が一層盛り上がったと感じたのです。電通などのクリエイターが関わっていることを知り、初めて広告業界に興味を持ちました。

そこで電通の冬のインターンシップが行われることを知り、選考を受けてみることに。当時、在学中ではあったものの学校には通っていない状態でした。「大学を辞めるつもりです」と選考で伝えた時は「えっ？」とドン引きされましたが、無事合格しインターンに参加。広告制作に必要な「言葉」「企画」「デザイン」、さらにテクノロジーとの融合など、最新の広告のつくり方を一から学びました。それまではフリーランスとして、営業や企画、デザインなどを一人がむしゃらにやっていましたが、インターンに参加したことで、自分が今までやってきたことがそのまま大きな規模の会社でも行われていることを知りました。「あ、今までやってきたことって、そんなに間違っていなかったんだ」と答え合わせができたような気分になり、すごく楽しかったです。

その後、電通CDCという部署での2年弱のアルバイトを経て、電通に入社しました。大学を辞めた時は家族にもかなり心配されましたし、自分でもどうなってしまうのだろうと思っていました。アルバイトの経験があったからこそ、大学を卒業しておらずとも、電通に入社できる資格を手に入れたようです。

これからの広告

僕の仕事の大半は、いわゆる広告です。多くの人がイメージする「CM」や「グラフィック」などの広告の企画を担当しています。ただ、そうではない仕事も稀にあります。最近担当して面白かった仕事は、AIを使って伝説的なピアニストの演奏を再現するプロジェクト「Dear Glenn」の映像制作やプランニングです。

多様な価値観がある時代に「広告」そのものが再定義される今、広告の外側からピュアな気持ちで色々なことにトライしたい。現在も、フルリモート劇団「劇団ノーミーツ」でクリエイティブディレクターを務めたり、気になったアーティストのミュージックビデオを監督したりしていますが、フリーランス時代も入社後も変わらずに、自分が面白いと思ったことにはトライしたいなと考えています。

近頃は、インターネットを中心とした新しい広告の出し方があふれています。

その中でも、まだ試されていない新しい表現がまだまだたくさんあると思っています。そういった新しい表現を、頭の中で考えるだけでなく、実際に自分たちで1回試してみる。そうすると、失敗しても成功しても「前例」が生まれるのです。それが最終的にクライアントと一緒に実現するプロジェクトに育つこともあります。劇団ノーミーツもそうですが、一度やってみると急に大きく成長していくこともあるものです。新しい表現方法に挑戦し続けることで、逆に、広告にも活かせることが見つかるのではと思っています。

今後は、「広くマスに対して広告する」という姿勢で広告をつくっても、響かなくなることもあるのではと感じています。一人ひとりが自分の好きなものや信じられることをフォローした「タイムライン」という世界を持つことが当たり前になった世の中には、全く同じ世界も、共通の価値観も存在しません。その中で、まずは「ひとり」に伝わり、その「ひとり」が伝播してより厚いコンテンツになっていくような、丁寧な仕事をしていきたいなと思っています。

受け皿の大きい
広告業界

広告業界は、色々な考えの人がいる業界です。「こうあるべき」という強い方向性を持つ人もいるし、「広く何でも」な人もいます。受け皿は大きい業界です。広告という手法を逆手にとって、自分のやってみたいことに挑戦できることもあります。

個人的には、広告から遠いところにいる人に広告業界に入ってほしいです。遠い人ほど、表現に対して気づくことがたくさんあります。広告は色々な立場の人に見られるものですから、様々な視点から広告を見て、「これ面白いね！」「これっておかしくない？」と言える人が必要です。意見や感想をないがしろにせず、それについて必ず一度考えてくれるのが、広告業界にいる人たちの良いところだと思っています。

TBWA\HAKUHODO
コピーライター

柳井芳文 Yoshifumi Yanai

1993年兵庫県姫路市生まれ。京都大学経済学部卒。2016年、新卒で電通に入社後、プロクター・アンド・ギャンブル・ジャパンを経て、2019年にコピーライターとしてTBWA\HAKUHODOに入社。入社後はUNIQLO・McDonalds・AIG・Nissan・P&Gなどグローバルクライアントを中心としたブランディング業務に従事。第55回宣伝会議賞コピーゴールド受賞。

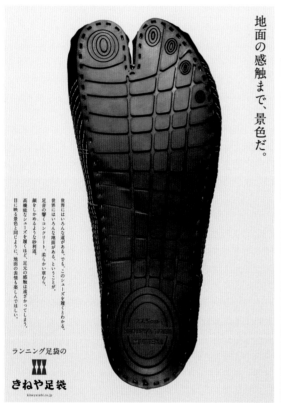

地面の感触まで、景色だ。

世界にはいろんな道がある。でも、このシューズを履くとわかる。世界にはいろんな地面がある、ということが。足音の響くコンクリート、柔らかい草むら、顔をしかめるような砂利道。足元の感触は速さがかってしまう。高機能なシューズを履くほど、目に映る景色も同じように、地面の表情も遠さかってしまう。目に映る景色と同じように、地面の表情も楽しんでほしい。

ランニング足袋の
きねや足袋
kineyatabi.co.jp

かっこいい名前のテクノロジーは、使っていません。

ランニング足袋の
きねや足袋

最初は笑われます。覚悟してください。

ランニング足袋の
きねや足袋

Running Tabi MUTEKI

取扱説明書では、治療院の案内までしています。

ランニング足袋の
きねや足袋

※和菓子ではありません。

杵屋無敵

ランニング足袋の
きねや足袋

ランニング足袋 KINEYA無敵/きねや足袋

アイデアを考えることが、自分の人生を豊かにする。

サークルを部活に昇格。
戦略を練って
プレゼンテーション

　大学に入学した時点では、将来就きたい職業はまだ決まっていませんでした。経済学部を選択したのも、幅広いジャンルを学べそうだと思ったからです。色々なことを見聞きしながらヒントを見つけ

ていこうという思いで、興味のあることに片端からチャレンジ。フットサルと軽音サークルをかけ持ちし、イギリスとアメリカでの短期留学も経験しました。

　中でも印象に残っているのは、フットサルサークルでの活動です。本気でフットサルをしているメンバーが集まるサークルでキャプテンを務めていました。プレーはもちろんですが、体育会の部活と

して認めてもらうための活動にも注力。申請を通すには、体育会の幹部会などで活動報告やチームのビジョンの発表をしなくてはいけません。そこで、相手に好印象を与えるための戦略を練りました。さらにチーム力強化のため、現役のFリーグ（フットサルのプロリーグ）選手にコーチとして入ってもらい、力をつけていきました。

これらの努力が実を結び、自分が4年生の時に体育会として認められることに。当時は気づきませんでしたが、改めて振り返ると、申請から承認までの一連のプロセスは、非常に広告・PR的なことですよね。当時からこういった活動が好きで、楽しみながら取り組んでいました。

就職活動で知った
「アイデア」の価値

就職活動は3年生の夏に始めました。その時点では志望業界が決まっていなかったので、様々な仕事を知りたいと思い、業界にこだわらず8社ほどのインターンシップに参加。そして、広告会社、メーカー、金融など4社から内定を獲得しました。どこに就職するべきか悩みましたが、インターン時に"どの業界でも、最終的にアイデアを考えることがコアになる"と気づき、その道のプロ集団だと感じた電通に入社を決めました。

実は、電通のインターンが広告との最初の接点でしたが、ここでの経験はものすごく強烈でした。広告業界の仕事は、難しい状況の中で「その手があるよね！」というアイデアを生み出す仕事です。その感覚を養うことで「自分の人生そのものが楽しくなるだろうな」と思ったのを鮮明に覚えています。

電通からP&Gへ。
広告会社ではできない
仕事も経験

電通のインターンでクリエイティブの仕事を知り、コピーライターも志望していましたが、初配属はスポーツ局サッカー事業室。当時は、第一希望ではなかったけれど、大好きなサッカーに携われる喜びが大きかったです。事業室ではサッカー

日本代表担当チームのメンバーとして、スポンサーの誘致や大会の運営、会場でのスポンサーのマネジメントなどを経験しました。

電通に入社して約1年後、新しいことに挑戦して自分の経験や知識を広げるため、P&Gの営業統括に転職。商品と広告がある上で、より多くの人に買ってもらうための販売戦略を数字ベースで考え、事業計画に落とし込んでいました。広告会社の立場では介入できない領域の仕事です。P&Gはグローバルかつ歴史も長い会社。蓄積されたデータをもとに、自分の考えをプラスしながら仕事を進めていました。

コピーに携わりたい。
その思いから、
実務未経験でコピーライターに

一方で、心のどこかに「いつかコピーに携わりたい」という思いがあり、大学3年生から毎年宣伝会議賞に応募し続けていました。2018年、初めてファイナリストに選出され、コピーゴールドを受賞したのです。その後、TBWA\HAKUHODOから声がかかり、コピーライター採用で面接を受けたところ合格。中途かつ未経験でコピーライターになれるチャンスはまたとないと思い、2019年の夏に入社しました。

最近の仕事で印象に残っているのは、「きねや足袋」のランニング足袋の広告です。少人数のチームで進めた案件で、コピーライターとしてメイン担当になり

ました。個性的な商品コンセプトを活かしながら存在感のあるコピーを考えられ、充実した仕事ができたと感じています。今後は、自分ならではの独特なキャリアを武器に、多角的な視点から広告表現を考えていきたいですね。

働きながら人生を
豊かにできるのが、
広告の仕事

もし自分が学生時代に戻れるなら、大学院に進むなどして学生生活を長く続け、より多くのことに触れておきたいですね。また、就職活動をする前にじっくり自分を見つめ直す時間も持ちたかったなと思います。当時は焦っていて、「今就職しないと損」と考えていました。

最近は哲学と宗教の歴史に関する本を読んでいるのですが、仕事をしていると時間がなかなか取れないのが悩み。学生の皆さんには、今のうちにとにかく勉強して、自身の土台を広げていってほしいです。土台が広がることで、アイデアの幅も広がっていきますよ。

仕事だけでなく日々の生活でも、アイデアを考えることは必要不可欠です。アイデアの考え方を身につけると"楽しくものを見る方法"がわかるようになります。クリエイティブ職は、アイデアを考えることが仕事の根幹。働きながら人生を豊かにできる、非常に魅力的な仕事です。

COPY GOLD

第55回宣伝会議賞

「5人に1人。」抽選なら当たる気がする。

受賞者：柳井 芳文さん

博報堂
コピーライター

桃井菜穂 Naho Momoi

1991年生まれ。東京大学文学部で美術史を学んだ後、2014年博報堂入社。コピーライターとしてTBWA\HAKUHODOに配属される。2017年より博報堂ケトル参加。2020年産休・育休を経て博報堂へ異動。現在に至る。既存の広告の枠にとらわれず、得意先や社会の課題を解決するカルチャーを生み出すことが信条。主な仕事に、ヤフー「全国統一防災模試」、花王「クイックルJoan」、日産自動車「#猫バンバン プロジェクト」「#熱駐症 ゼロプロジェクト」など。2015＆16年ヤングスパイクス日本代表。2016年 AD STARS New Starsゴールド。2018年ACC賞シルバー。

全国統一防災模試 / Yahoo! JAPANアプリ

#猫バンバン プロジェクト/日産自動車

熱駐症
ゼロプロジェクト

#熱駐症 ゼロプロジェクト/日産自動車

学生時代にサークル活動で企画・運営していた
「知の創造的摩擦プロジェクト」

面接官に「この人いいな」と思わせるマーケティング発想。

詰め込み型の勉強は嫌い
仮説検証する勉強は好き

高校生の時は「ビリギャルに負けないぐらいのビリギャル」でした。最低限の日数しか行かないぐらい授業に出ておらず、出席しても授業中は上の空でした。それでも進学校に通っていたので良い大学には入れると思っていたのです。

けれども、高校2年生の冬に進路相談で「大学受験は難しいから専門学校はどうですか」と先生に言われました。かなりショックを受けましたが、負けず嫌いな性格なので、先生の鼻を明かしたくて勉強を開始。1年後、運よく東京大学に合格しました。

しかしそんな理由で進学したため、東大に入って何を勉強したいかなど全く

決まっていませんでした。東大に入ったという満足感でいっぱいでしたね。何をやりたいかわからずふらふらと迷う2年間を経て、専攻を決めるタイミングに。この時、左脳を使うことに疲れて、右脳的・直感的に学べることをやりたいと思い、美術史学に進みました。美術史学は「机の上の勉強よりも美術館に行って絵を見なさい」という教えだったので。

専攻は19世紀末の象徴主義で、ミュシャのような広告色のする芸術家が好きでした。クライアントニーズに答える絵と自分が本当に書きたい絵の葛藤や、人の欲望に向き合う芸術とそうではない芸術の論争などを勉強しました。詰め込み型の勉強は苦手でしたが、自ら仮説を立てて検証して発見する勉強は楽しかったです。この経験は広告の仕事に活きていると思います。

世の中を良くするには？
国家公務員ではなく
広告会社を目指した理由

美術史学を学ぶ一方で、掛け持ちで経済学部のゼミにも入り、ブランド論も学んでいました。実際の企業にも行って、そこのマーケティングを勉強しました。実学と歴史学を行ったり来たりの日々でしたね。

サークル活動はイベントサークルがメイン。といっても堅い内容のもので、学生向けに自身のキャリアを考えるイベントを企画していました。東大生のキャリアの幅を広くしたいと考え、多方面に活躍しているOB・OGの方をお呼びして交流会を開き、学生の見識を広げ、固定観念を崩すようなきっかけを創出していました。

親が公務員だったり官僚になる同級生が多かったりしたため、世の中を良くしたいという気持ちが強くありました。国家公務員へ進むことも考えました。ただ周りの東大生は「正しく言えば、正しく伝わる」と思っているフシがあって、良いことを言っているのに伝え方がへたで人を動かせていないことが多かったのです。そこで自分は正面から世の中を変えるよりは、コミュニケーションの仕方を変えることに取り組みたいと

思いました。それだったらまずはマーケティングを勉強しよう。マーケティングをやるなら広告会社かメーカーだと考え、それらの業界を受けていました。

OB訪問で泣くほど落ち込み、
就活の戦略を変えた

転機になったのは、広告会社のOB・OG訪問に行った時でした。エントリーシートをチェックしてもらったら「キミの人生は1ミリも面白くない」と言われました。周りの人と同じことをしても面接官には気づいてもらえないと。就職活動自体がマーケティングなのだなと気づき目から鱗が落ちる一方で、泣くぐらいショックを受けました。面接官は自分の良さをみてくれるだろうと思っていましたが、自分を売り込まないといけないと痛感しました。

それ以降、就活の戦略を変えました。「学生時代に頑張ったことを教えてください」という質問で、それまではありのままに「サークルとアルバイト」と答えていましたが、周りとの差異化を考えて「勉強」と答えるようにしました。東大生というだけで左脳的なイメージを持たれることが多かったので、左脳的なマーケティングと右脳的な美術史をバランス良く学んだことを話しました。またスーツを着ていくと埋もれてしまうと思ったので、自作の服を着ていき、ツッコまれた時に「これはこういうストーリーで」と話せるようにしました。このように、多数の学生をみている面接官に「この人いいな」と思わせ、一言で上の人に伝えてもらえるにはどうすれば良いか試行錯誤しました。この過程がまさにマーケティングであり広告会社的な発想で面白く、博報堂に行くことに決めました。

どうして自分なんだ…。
配属に納得できた恩師との出会い

マーケティングを勉強したかったので、配属希望はストラテジックプランナーでしたし、そうなると思っていました。そうしたらまさかのコピーライター。しかもTBWA\HAKUHODO。今から考え

ると、戦略から骨太なアイデアを考えることのできるクリエイターになってほしかったがゆえの人事なのだと思います。しかし当時はそんなこともわからず、会社に行きたくないと思うくらいつらい日々でした。同期には学生時代からコピーライターの登竜門の宣伝会議賞に応募し、コピーライター養成講座を受けている人がいる中、どうして自分なんだって。ターニングポイントは、師匠の細田高広さん（14ページ参照）にクリエイティブ職のストブラ的面白さを教えてもらったことです。経営者に寄り添って会社の信念をつくっていく細田さんの仕事をみていく中で、戦略から考えるアイデアは意味があるなと思いました。

TBWA\HAKUHODO、博報堂ケトルを経て今は博報堂にいますが、単発で終わる企画ではなく、長期的な文化・習慣をつくるということは常に意識しています。例えば、ヤフー「全国統一防災模試」は2018年から続く仕事です。スマホでの簡単なテスト形式で、意識だけでなく知識をつけてもらうというものでした。日産自動車の「#猫バンバン プロジェクト」では、猫がエンジンルームで亡くならないようにする習慣をつくりました。子どもやペットが車中の暑さで亡くなってしまう事故を減らすために呼びかけた「#熱駐症 ゼロプロジェクト」も同様です。これは5年ぐらい前の仕事ですが、いまだに「熱駐症」という言葉がニュースで呼びかけられるようになっていて、文化・習慣になった仕事だと思っています。

ハイチャレンジができる業界

この業界は、本当に自由です。ハイチャレンジができることが広告業界の魅力だと私は考えています。企業に勤めたまま、世の中のためになることに挑戦できる。世の中を変えるアイデアをつくることが、自社のためになっているのは広告業界ならではだと思います。そういう意味で広告会社は、広告を代理しているというよりも、世の中を良くするソリューションを代理している存在なのかもしれません。

ADKクリエイティブ・ワン
コピーライター

吉川翼 Tsubasa Yoshikawa

1994年生まれ、埼玉県出身。早稲田大学社会科学部卒業。2018年に新卒でアサツーディ・ケイ（現ADKクリエイティブ・ワン）に入社以来、コピーライターとして活躍。ぐるなび「幹事やったもん勝ち」やADK「スタメン採用」など話題となる企画を多数制作。第47回日経MJ広告賞受賞。

Job Hunting Histories of Young Planners & Copywriters

ADK RECRUIT 2021 スタメン採用

ADKグループ 新人育成企画「成長株育成プロジェクト」

北海道うまいもん市！/あきんどスシロー

オレのアイデアが一番面白い。ADKのクリエイティブを変えてやる。今どきの若いヤツの力を見せつけてやる。イケイケなクリエイターになる。経験はないが、センスならある。スタープレイヤーになってやる。わたしが考えた方が100倍面白い。超有名な○○とやりたいべってライターだ。いきなりカンヌとろ。オレがADKをでかくしてやる。日本一いや世界一だ。じぶんのチカラだけでやりたい。自信しかない。そんなんじゃ、今の若者は動かせない。最強のチームつくってやる。周囲にほめられたい。おだてられたくない。ADKを使い倒す。コピーも書きたい、絵も描きたい、映像だってつくりたい。とにかくBIGになってやる。誰にも負けたくねぇ。賞を取りまくりたい。地元じゃ負け知らず。根拠はないが、自信はある。世界をあっと言わせてやる。正しいなんて、つまらない。オレの作品だけ見ろ。撮影で憧れの有名人と会いたい。○○と会いたい。やったもん勝ち。広告界に一大ムーブメントを起こしてやる。伝説のクリエイターになる。クレイジーは褒め言葉。じぶんより面白いヤツと会いたい。わたしのコピーには1000万円の価値がある。○○になってテレビに出たい。クリエイティブ下克上だ。ADKにはわたしがいる。オレがやってやる。広告業界でおさまらない。どうせなら一番でしょ。常識なんてあとからついてくる。一年目からガンガンいって、ADKクリエイティブの顔になってやる。アイドルに仕事で会いたい。いまのうちに注目しておけ。打席にたてば、オールームランク クリエイティブバカ上等。とにかくモテたい。世界に名をとどろかせる。半端なものより、突き抜けたものをつくりたい。経験は度胸でカバー。いまのじぶんに怖いものなんてない。バカ売れさせてやる。広告というより、カルチャーをつくる。のびしろしかねぇ。アイデアで終わらせない。世界がわたしを呼んでいる。できるかできないかの、ギリギリを攻めたい。面白くてなんぼ。日本だけじゃ狭すぎ

クリエイティブ採用2021

ADKグループ 新卒採用「クリエイティブ採用」特設サイト

アリナミンEXプラスCM「偉人の疲労」篇/
武田コンシューマーヘルスケア

ADKグループ採用特設サイト

子ども心を
忘れない。
それが
良い仕事に。

自分の考えを
面白がってくれたのが、
広告会社だった

　学生の頃は、興味が転々としていて、専門的に学びたいことを見つけられずにいました。やりたいことがわからなかったので、大学は幅広く何でも学べそうな社会科学部に進学。入学してからも学ぶことを一つに絞らず、哲学や文学、経済学など、興味がある授業を受けました。

　大学3年生の夏から、インターンシップに参加するための準備を始めます。自分には銀行や通信などの安定的な企業が合うだろうと考えエントリーシートを出したのですが、1次選考にすら通らず…。焦って業界の幅を広げようと広告業界も受けてみたら、スムーズに選

考を突破。これには僕自身も驚きましたが、縁あってADKのインターンに参加することができました。

キャンペーンを企画したり、売り方を考えたり、インターンでの体験はとても楽しかったですね。自信はありませんでしたが、もしかしたら自分は企画職に向いているのかもしれないと考えるようになりました。

また、広告業界の方が、僕の話を楽しく聞いてくれたことにも相性の良さを感じました。僕は中国研究のゼミに所属していて、亀甲縛りの歴史について研究していたのです（笑）。手堅い会社では全くウケなかったのに、広告業界の人は目をキラキラさせて話を聞いてくれました。自分の考え方を面白がって受け入れてくれる環境で働いてみたいなと感じました。

目指すのは
「広告業界のサツキちゃん」

本格的に就職活動が始まる頃には、広告業界に絞って選考を受けました。エントリーシートには、1行目に「広告業界のサツキちゃんになりたい」と書いていました。『となりのトトロ』のサツキちゃんのような、大人の視点も子どもの視点も持っている人でありたいという意味です。今の大人たちは、理屈や常識ばかりを優先して、子どもの時の視点を失っている。でも、大人の常識と子どもの心を併せ持つ中間的な視点の人になれたら、もっと世の中の楽しいことを顕在化させて、商品を売ることにもつなげることができる。この考え方は、今でも変わらず意識していますね。

気負わずにいることが、
就活でも仕事でも大事。
心の安寧のために

ADKでは、クリエイティブ職を希望する人のみ、配属前に試験を受ける。合格する自信はありませんでしたが、インターンの時の企画が楽しかったので、思い切ってクリエイティブ試験を受けることに。すると、合格したのです。ただ、CMプランナーを希望していたにも関わらず、コピーライターとしての配属が決まり、とても驚きました。まるでハリー・ポッターの「組み分け帽子」のように、「君はコピーライター！」と職種が決まったのです。

僕は小説が好きでもなければ、国語の成績が良かったわけでもない。言葉に対して自信はありませんでした。さらに、当時はコピーとは何なのかすらよくわかっていませんでしたから、かなり戸惑いました。でもその結果、良かったこともあります。「ダメでもともと」という感覚があるので、先輩や上司から怒られたとしても、あまりダメージを受けることはありません。「できたら儲けもん」という感覚で、楽しく仕事をすることができています。

振り返ると僕は、これまでの人生で「第一希望」通りに行ったことがありません。受験でも就活でも、だいたいたどり着くのは「第二希望」でした。でも後になって考えると、そちらのほうが自分に合っていたと感じるのです。だから、大きな選択の場面に出くわしても、「どうせ第一希望にならないだろう」という諦めと、「第二希望でも幸せになれるだろう」という楽観を持っています。この考え方で、就活でも自分のことを変に追い込まず、心に余裕を持つことができました。

この業界の良いところは、
真面目すぎると怒られること

今は、スシローのテレビCMや店頭キャンペーン企画、ADKの新卒採用のリブランディングなど、少しずつ大きな仕事も任せてもらえるようになりました。

相変わらず、コピーライターとしてやっていくことに自信はありませんが、この仕事が好きだと思えています。仕事をするたび、言葉が持っている可能性に気づかされる。最近は、表に出てくるキャッチコピーだけではなく、企画の裏にまで言葉が詰め込まれていることがわかってきました。コピーに触れれば触れるほど面白い部分がどんどん出てくるので、今後ももっと言葉を追いかけ続けたいと思っています。

僕がこの業界の良いところだと思うのは、「真面目」を否定される仕事だということです。企画が真面目すぎると怒られるって、こんなに幸せな仕事はない。真剣にふざけることが仕事になるというのは、すてきだなと思います。

真剣にふざけるということは、就活でも話した「サツキちゃんのような人になりたい」という考えとつながると思っています。「子ども心」を忘れては良い企画は生み出せないからです。例えば、世の中でヒットしているものは全て子どもの頃に楽しかった遊びの延長だといえます。「ポケモンGO」は子どもの頃の虫取りと一緒だし、「Instagram」は女の子たちがやっていたシール集めと一緒。表現の仕方が変わっているだけで、本質的には同じことを大人も楽しんでいるのです。そういったつながりを見つけるために、大人に浸かり切らない存在でいたい。そういう存在でいていいのだと認めてもらえることが、広告業界の良さだと思います。

自己PRの書き方に
悩んでいる学生へ

自分が就活をしていた頃は、エントリーシートに自己PRとして何を書けばいいのかわかりませんでした。起業をしたとか、部活で日本一になったとか、一つのものを突き詰めた経験がなかったからです。でもそれは、裏を返せば、様々なことに目を向けてきたことの証明です。僕は飽き性な分、興味が分散してあらゆることに目が行くし、商品との距離感も保てています。今、エントリーシートに何を書けばいいのか、迷っている学生の皆さんも多いと思います。そういう人こそ、実は広告業界への適性があるのかもしれませんよ。

一方で、広告に対する「情熱」の重要性も感じます。どんなに優秀な人でも仕事をするうちに、必ず壁にはぶつかるものです。その壁を超えるためには、何度でもトライし続けなければなりません。そのためのエネルギーになるような、「広告が好きだ」と思う尽きない情熱は持っていてほしいですね。

東急エージェンシー
コピーライター/プランナー

扇玲香 Reika Ogi

1996年東京都生まれ。上智大学総合グローバル学部を卒業後、2019年東急エージェンシー入社。コピーライター・プランナーとしてクリエイティブ局に配属。森永乳業「パルテノ」販促コミュニケーション、東急「ふるさとパレット」返礼品企画などを担当。

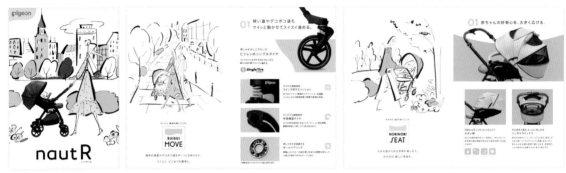

nautR/ピジョン　イラスト ヨーコチーノ

おうちで！現地で！牡蠣オーナーセット/広島県広島市

広島県 広島市

おうちで！現地で！牡蠣オーナーセット

寄附金額 **60,000** 円

カートに入れる

お礼品情報

広島の冬の味覚といえばやはり牡蠣！　広島湾で水揚げされる草津の「真牡蠣（マガキ）」は、11月中旬から4月中旬にかけて旬を迎えます。「おうちで！現地で！牡蠣オーナーセット」では、広島湾北部海域で2020年冬にできた殻付きの牡蠣を、2021年1月以降にお届けするとともに（最低保証50個）、草津かき小屋での焼きかき定食2名分と牡蠣生産の裏側見学を体験することができます。（草津かき小屋がオープンしている11月下旬〜4月下旬。作業場見学は日曜定休）殻付きの牡蠣にはおいしい食べ方や、おすすめレシピの書かれてあるパンフレットも同封。誰でも自宅でおいしく楽しめます。

実績なんて関係ない。自分なりの形を言葉にしよう。

**表舞台と裏方
政治と広告コミュニケーション**

　小学生の時に見たドラマがきっかけで、独学で韓国語を勉強していました。同時に連日マスコミに取り上げられていた小泉純一郎さんを好きになったことで政治にも興味を持ち、幼稚園の時からニュースを見ていましたね。アニメ感覚で視聴していました（笑）。大学では日韓の政治について深く学ぼうと、東アジア政治を専攻していました。3年生の春には現地のリアルな政治に触れたいと思い、韓国へ半年間の留学も経験しました。

　一方で、中学・高校と演劇部に所属していました。「主役を演じる」という役者としての大きな目標を達成した後、次

第に自分が表舞台に立つのではなく、お客さまの心を揺さぶる仕組みや企画を考えることに興味を持つようになりました。そこで、大学では放送研究会に所属。映像制作を行いながら企画の考え方について学んでいました。

広告業界に興味を持ったのは、留学中に韓国で出会った広告がきっかけです。留学期間の中で、日韓問題に対する国ごとの認識の違いを知りました。これは国境を超えた正しいコミュニケーションが行えていない証拠です。様々な背景を持つ人が理解し合うためにはどうすれば良いのだろうかと、考えるようになりました。

そんな時、ソウルの街中で偶然見かけた広告に目を奪われました。それは韓国で人気の宅配チキン店の広告で、「チキンは太らない、太るのはあなただ」というキャッチコピーが書かれていました。日本でも韓国でも「甘いものは太る」「チキンは太る」などと話すことがありますが、実際太るのは「甘いもの」でも「チキン」でもなく「食べた自分」ですよね。それがジョーク混じりに書かれていたのです。何気ない広告でしたが、そのメッセージは日本人である私にも届いたことに気づきました。そして、広告こそが国境や民族の違いを超えて理解し合えるコミュニケーションなのではないかと思い、広告業界に興味を持ちました。

帰国後は広告について学ぼうと、東急エージェンシーのインターンシップに参加します。当時はコピーライターがどんな仕事なのかも理解していませんでしたが、制作現場を見学したり、実際の案件について企画を考えたりと、実践的な体験を通してその魅力に惹かれ、この業界で働くことを決意しました。

飲食店での気づきを
就活では武器に

コピーライターを目指していた一方で、周囲には以前から広告を学んでいた学生も多く、劣等感を感じていました。そこで、他の人に負けない自分の強みは何だろうと考えた時、「インサイト分析」であると気づいたのです。

私は大学時代に、病院内にあるコー

ヒー店でアルバイトをしていました。病院内では顧客のほとんどは高齢者でレギュラーメニューのみ購入。豊富な品揃えもなかなか響かず、売り上げも伸びない状況でした。そこで私は接客に注目し、会話の中でお客さまの好みやその時の気分を分析しながら、その方に合った飲み物を提案することにしました。すると成果が売上に現れ始め、次第に陳列棚のレイアウトや、後輩への接客指導なども任されるようになったのです。

インサイト分析をもとに接客や商品の見せ方を考える力は就職活動のアピール材料になりましたし、現職での自分の強みとしても活かせています。

経験がないからこそ
若手ならではのコピーを提案

現在は、コピーライターとしてのスキルを磨けるような仕事を積極的に担当させてもらっています。コピーを考える時、私は日本語・韓国語・英語の3つを頭の中で切り替えながら作業しています。最終的なアウトプットは日本語が多いですが、言語によって文章の構造や単語のニュアンスに違いがあり、それらを参考にしながら人々に伝わるコピーをつくるよう意識しています。

入社2年目ということもあり、若者世代ならではの個性を出すことも心がけています。10〜20代ではやっている言葉を取り入れたり、あえて素人っぽさのあるコピーを提案したり。先輩社員と比べて理論や経験が身についていないからこそ、若手という武器でアプローチしたいと思っています。

学生時代に
身につけた武器でも戦える

マタニティ・ベビー用品メーカーのピジョンが展開するベビーカー「nautR」の仕事は印象的です。小冊子とサイトの文面を担当しました。全ての文面を一人で担当し、クライアントへ提案を重ねながら言葉をブラッシュアップしていましたね。それまでは上司が間に入ってくれることも多かったのですが、自ら提案したことで仕事への責任感が強まり、

コピーを届けたいという思いも大きくなりました。

東急のふるさと納税サイト「ふるさとパレット」では、広告コピーのほかに、自治体の返礼品企画も担当しました。私は広島県広島市の「おうちで！現地で！牡蠣オーナーセット」というプランを企画したのですが、これは自宅に新鮮な牡蠣が届くだけでなく、ユーザーが現地の牡蠣小屋を見学し、実際に食べることもできます。ただ返礼品をもらえるだけでなく、ユーザーが広島市とのつながりを感じられるよう工夫しました。

まずはコピーライターとして、少しでも早く一人前になりたいです。一方で、未熟な今の私だからこそできる企画もあると思うので、積極的に挑戦を続けながら自分なりの価値を示していきたいです。

また、東急エージェンシーではインバウンド向けの広告施策なども手がけており、こうしたグローバル案件の需要はますます増えていくのではと感じています。いずれは私も学生時代から培ってきた政治の知識や語学力を活かし、グローバルな案件も任せられるようになりたいと思っています。

実績ではなく
自分の強みを認識する。
それが就活でも仕事でも役に立つ

働く上で大切なのは、自分の強みを認識すること。就職活動では特別な実績がないからと不安に思う人も多いですが、重要なのは実績ではなく、強みをしっかりと伝える力だと思います。私はこれまでの経験を振り返る中で、演劇で培った視点や政治の知識、インサイト分析という強みを再認識することができました。自分とじっくり向き合って強みを探し、就職活動や社会人としての武器にしてほしいと思います。

社会には様々な仕事がありますが、中でも広告業界は仕事の幅広さが魅力です。日々新しい世界を知ることができる一生飽きない仕事なので、興味のある方にはぜひチャレンジしてもらいたいです。

Que
プランナー

平野巴章 Tomoaki Hirano

1991年大阪生まれ。関西学院大学を卒業しサイバーエージェントに入社。現在はブランドコンサルティングファームQue所属。GEORGIA、SQUARE ENIXなどのクリエイティブ開発やスタートアップのコミュニケーション支援など。広告業務以外にプロダクト・サービス開発も。ACC TOKYO CREATIVITY AWARDSグッドデザイン賞、ヤングスパイクス日本代表/本戦銅賞、ヤングロータス日本選考ファイナリスト2回など。

FEEL THE GAP SODA 今と昔の空気中CO₂濃度の差を感じさせる炭酸水

UniposテレビCM「伝えられていなかった感謝」篇/Fringe81

episode 1
雨に消えた妹

Webドラマ「アナザーエデン時空を超える猫」/グリー

テレビCM「非接触ボタンエレベータ」/フジテック

良い方向に流されるために、まずは行動！

友人の手伝いで
企画の楽しさと出会う

　小学生の頃から野球一筋で、甲子園にも出場しました。関西学院大学付属の高校に通い、大学もそのまま関西学院大学法学部に進学。いざ法律を学び始めると思いの外面白かったので、意外と熱心に勉強しました。

　もともと広告業界への就職は全く考えておらず、かわいいなと思っていた女性の「商社に勤めている人ってカッコいいよね」という言葉をきっかけに、商社を目指していました（笑）。一方で、ミスコンを運営している友人から「協賛企業がなかなか集まらない」という話を受け、手伝うことになりました。ミスコンのフリーペーパーに広告を掲載していただい

たり、本番のイベントの支援をしていただけたりする企業探しをしたのですが、ただ「掲載させてください！ その代わりにお金をください！」と伝えるだけでは当然うまくいきません。そこで、協賛してくれた企業や店がさらに集客できるような企画を添えて、広告枠を売ることにしました。例えばスマートフォンの修理をしている店には、「画面の割れ方のバリバリ度に応じて修理代が安くなる」というキャンペーン企画を提案。今思えば普通の企画なのですが、当時の自分なりに工夫をし、200万円ほど集めることができました。そしてミスコンは成功。みんなで一つのものをつくることがとても楽しいなと実感しました。

流されて
行き着いた就職先

そんな活動をする中で、広告業界を志望する理由になった決定的な出来事があります。博報堂から「クライアント企業をミスコンで宣伝したい」と連絡があり、社員と会う機会がありました。そこで、「平野君、広告業界に向いているね」と言われ、あっという間にその気になりましたね（笑）。早速博報堂のインターンシップに参加しました。

インターンはかなり刺激的で楽しかったのですが、ちょうど同じ頃、仲の良い友人から「どうやらサイバーエージェントはかなりイケてるらしい」という話を聞きました。会社説明会での「私たちがこれからの広告の未来をつくっていく」という社員の発言も印象的で、ここでも人に流されるまま選考を受けたのです。当時サイバーエージェントは、選考の時期が少し早めでした。他社の選考を受ける前に内定をいただいたので、そのまま入社を決めました。

転職では、
信念を持って流される

サイバーエージェントに入社後は営業配属で、化粧品会社やゲーム会社の担当でした。クリエイティブ配属を希望していたので、配属当時はかなりへこみましたね。ただ、ずっとへこんでいるわけにも

いかないので、自分ができる範囲でどうクリエイティブなことができるか考え、仕事をしていました。ある時、自分がつくったバナーを掲載したサイトのアクセス数が、信じられないほど上がったことがありました。これをきっかけに、「やっぱりクリエイティブを中心に仕事したい」と思うようになりました。

とはいえ、クリエイターとして転職するための実績は全くない状態。実績をつくるため、ヤングロータスという広告コンペに応募しました。「生活者に気候変動を考えさせる」という課題で、「今と昔の空気中CO_2濃度の差を感じさせる炭酸水」という企画を提出し、ファイナリストに選ばれました。これがきっかけで、マッキャンエリクソンの方と知り合います。「うちの会社で自由にやっていい」と言っていただき、入社。CMやコピー、デジタルを中心とした企画などを担当しました。

念願かなってクリエイティブの仕事を担当するようになりましたが、我流でやっていたこともあり、クリエイティブを一から学んだほうがいいのではないかと思うようになりました。ちょうどその時、東京理科大学の社会人大学で「アイデア発想」の授業が行われていることを知り、受けに行くことにしました。その授業の講師が、現所属企業Queの取締役仁藤さんです。授業後にお話しする機会があり、「今度会社に遊びにおいで」と誘っていただきました。その後、Queの社長や役員と何度か面談をする中で、「Queであれば自分がやりたい本質的なクリエイティブの仕事ができるし、つけたい力が必ずつく」と確信し、入社をすることにしました。

大学の法律の勉強が
今につながっていた

今はテレビCMや、デジタル上でのコミュニケーションをプランニングすることが多いです。例えば、アナザーエデンというスマートフォンゲームのコミュニケーションでは、ゲームの世界観だけを抽出してオリジナルのドラマをつくりました。ストーリーもあえて視聴者によって解釈が分かれる設計にし、見終えた視聴者がSNSなどで議論したくなるような仕組みにしました。

自分が考えたものをきっかけに、デジタル上で誰かがコミュニケーションを取ってくれたり、新しく何か生まれたりするような「仕掛けづくり」をしています。

表現で一発面白いことをドンと投下することももちろん大切ですが、僕は、商品やサービスがより世の中に広まるための仕掛けや仕組みをつくることが好きです。仕掛けや仕組みづくりへの興味は、振り返ってみると、法律を「世の中の仕組み」だと思って学んでいた大学時代から持っていたのかもしれません。今後も、クライアントの商品やサービスをきちんと長く売るための仕組みづくりを続けていきたいですね。

他にも広告だけではなく、サービスや商品をつくるビジネス創出にも挑戦したいです。すでにあるものを広めるだけでなく、今の時代の消費者ニーズを丁寧に把握し、令和を代表するヒットを生み出していきたいです。

運良く流されるためのコツとは

振り返ってみると、僕は人に流されやすい人間だなと感じます。でも、ただ流されてきただけではない。心のどこかで「こういうことをやりたいかも」と思っている時に、誰かが言語化してくれたり、積極的に行動したりしたからこそ、希望している道を進むことができたのです。僕の場合は、ミスコンのお手伝いをしたり、広告賞に積極的に応募したり、授業を聞きにいったりと、とにかく行動してみることがきっかけになりました。運良く流されるためには、まず行動してみることが大事です。

また、広告業界には、自分の好きなことに熱中できる人に入ってもらいたいと思っています。広告業界に行きたいからわざわざ「広告が好き」などとつくろう必要はありません。手持ちの「好きなこと」を磨いてほしいですね。

Job Hunting Histories of Young Planners & Copywriters

サイバーエージェント
クリエイティブプランナー/コピーライター
大塚麻里江 Marie Otsuka

1992年東京生まれ。女子美術大学デザイン・工芸学科卒業。2015年、サイバーエージェントにデザイナーとして入社し、同年より
クリエイティブプランナー/コピーライターとしても活躍。同社の企業広告「遺影じゃないよ、入社写真だよ。」で2020年度TCC賞
新人賞を受賞。現在は、InstagramやTwitter、YouTubeなどのSNS広告を数多く手がける。

09

サイバーエージェント採用広告「遺影じゃないよ、入社写真だよ。」
コピーライターの巨匠・仲畑貴志氏を起用。2020年度TCC新人賞を受賞。

ルジェ フレーバーのInstagramストーリー動画/サントリースピリッツ

求人ボックス Web限定CM/カカクコム

若手1年目でも
トップを
目指せる。

デザイナー職で就活?
デジタル領域の隆盛に合わせる

　祖母が油彩をやっていた影響で、子ども
の頃から油絵を一緒に描いていました。
遊びのようにアートに親しむ環境でした
ね。中学もデザインの授業がある学校に
通っていたので、自分がアートやデザイ
ンが好きだということは、早い時期から
意識していました。

　高校3年生になって進路を考え始める
頃には、吉田ユニさんや野田凪さんの作
品を見て、アートディレクターに憧れる
ようになりました。彼女たちが卒業し
ているということもあり、女子美術大学
に進学。ヴィジュアルデザインを専攻
しました。

　大学では、ポスターやグラフィックの

デザインを中心に制作に取り組みました。一方で企画にも興味があり、夏休みに子ども向けのワークショップを開催したり、自分で架空の広告をつくったりもしていました。

就職活動では、デザイナーの求人を主にチェックしていました。様々な求人を見る中で感じたのが、グラフィック系のデザイン会社の求人が想像より少ないということ。逆にWeb系のデザイナーの求人はとても多いと感じたのです。なんとなく、今後はデジタル領域の仕事がさらに増えていくのだろうなと予想して、デジタル系の制作会社を多く受けることにしました。

面接では、タレント力や見た目のインパクトに頼らず、アイデアで勝負する広告をつくりたいと話していました。人が商品を買いたくなる、本質を突くようなデザインをしたいと思ったのです。その結果、デジタル系の広告会社の中で第一志望だったサイバーエージェントから内定をいただきました。とてもうれしかったですね。

デザイナーからコピーライターに
ジョブチェンジ

デザイナーとして仕事を始め、Webページのデザインなどを担当していました。一方で学生時代から企画にも興味があったので、上司や周りの同僚に、プランニングやコピーライティングにも挑戦してみたいと話していたのです。とはいえ、2年くらいはデザインをしっかりやってから…と思っていましたが、当社はスピード感がかなり速いことが特徴の一つ。半年後にはプランナーとして企画やコピーを担当することになりました。新しい仕事を任され、業務に必要な知識やスキルを身につけることにとにかく必死でしたね。

そうしてコピーを書くようになりましたが、当時はコピーがどのようにつくられているのかもまだまだわかっておらず、きれいな言葉が並んでいても中身がない「飾り言葉」になっていました。本質的な言葉を生み出せずに苦労していた時に、コピーライターの巨匠・仲畑貴志さんに直接コピーを教わる機会を

いただきました。ちょうど、サイバーエージェントのクリエイティブ領域における特別顧問を仲畑さんが担当されることになったのです。

そこで、「コピーを書くとはどういうことか」を掘り下げて教えていただきました。何本もコピーを書いて、何度もフィードバックをもらっているうちに少しずつ、きれいな言葉が並んでいるだけの飾りのコピーと、本質的なコピーの違いがわかってきました。

TCC新人賞を受賞した、「遺影じゃないよ、入社写真だよ。」というコピーは、仲畑さんの白黒写真にコピーをつけたことで話題になりました。この案は、仲畑さんが笑ってくれたらいいなと思って出したものです。

正直今でも、コピーライターとして揺るがないほどの自信はありません。ただ、今後も周りの人に笑ってもらえたりハッとしてもらえたりする、本質を突いたコピーを書きたいと思っています。

商品の魅力が届くよう
コピーも最適なものに

今は、SNS広告を担当することが多いです。Instagramのストーリー広告やYouTubeのバンパー広告、Twitterのキャンペーンなどのプランニングをしたり、コピーを書いたりしています。

学生時代は自分の感性のまま作品をつくっていました。でも、広告はその逆。消費者にどうしたら買っていただけるかを最優先に考える必要があるのです。例えば、最近担当したInstagramのストーリー広告は、若い世代がメインターゲットです。広告が見られる時間は一瞬。その短い時間で商品の魅力を伝えるため、長いコピーを使うのではなく、ハッシュタグ形式でアピールをするなどの工夫をしています。

デジタル上の広告は、どのくらいの人が広告を見て商品を買ってくれたのか、数字として結果が出ます。つくったものに対してのリアクションがわかるので、やりがいがあります。そもそも広告は、より多くの人に商品やサービスを買ってもらうためのものです。自分の感性や美意識よりも、消費者目線

を優先するクリエイターでいたいですね。

デジタルの新しい広告表現を
追い求める

今後の目標は、短尺動画を使った広告において、新しい表現方法を見つけることです。SNS広告に動画が盛んに利用されるようになってきた昨今、「このような構成で動画を作成すれば必ず結果が出る」といったようなフォーマットが決まってきています。結果が目に見えてわかりやすいというデジタルならではの特徴が、「勝ちパターン」を表面化しているのかもしれません。そうした、パターン化されたクリエイティブから脱したいという思いが強くあります。私はつくり方から変えていきたいと思っています。

サイバーエージェントには、YouTubeのチャンネル企画やバーチャルコンテンツの制作などで、映像における新しい手法を試しているクリエイターがいます。そういった方たちと連携しながら、広告としても使える表現方法を見つけていきたいです。

群雄割拠のデジタル領域！
1年目でもトップを目指せる

デジタル広告を手がけることの魅力は、ベテランも新人も関係なくフラットに競い合っていけることだと思っています。この領域において、「SNS広告と言えば○○さん」といったような、圧倒的な地位を確立している人はまだいません。そんな中で私は、半年でいきなりプランナー・コピーライターとしてフロントに立ちました。群雄割拠の時代に、入社1年目でも、トップを目指して先輩方と同じ土俵に立てるのです。トップクリエイターを目指してチャレンジしたい方には、ぜひデジタル領域の企画やクリエイティブにも目を向けて自分の可能性を試してほしいですね。

10

面白法人カヤック
デジタルネイティブプランナー

安藤耀司 Yoji Ando

1994年、東京生まれ。早稲田大学創造理工学部建築学科卒業。2016年に面白法人カヤックに入社。SNSコミュニケーションの時流やネット文化から発想したアイデアと緻密な設計で、着実に話題化を起こす企画を得意とする。Web・動画・リアルなど、手法を問わないコンテンツづくりが強み。

世にも奇妙な物語＆女子高生AIりんなプロジェクト/フジテレビジョン

就職活動で利用していたポータルサイトを模した履歴書

学生時代の作品「お菓子の建築」

あなたの遊びが仕事になる。

短いスパンでモノづくりができる業界はどこか？

早稲田大学の建築学科に進学し、大学3年の夏頃までは建築の勉強に明け暮れていました。その努力が実を結び、学科内3位の成績を取ったこともあります。当時プライベートワークで力を入れていたのが、お菓子の建築模型づくり。ウエハースやえびせんをカッティングし、練りあめで接着した「ヴェネツィア・ビエンナーレ日本館」や、小さな正方形のフルーツ餅という駄菓子で「モナリザ」のモザイク画をつくっていましたね。また、大学4年生の時には研究室の活動の一環で、生活デザインとアートが集まるクリエイティブイベント「TOKYO DESIGNERS WEEK」に参加し、作品を展示しました。

「tatami(v.)」という名前の、持ち運びができ、座椅子にもなる三角形の畳です。畳の老舗との産学連携プロジェクトとして、未来の畳のプロトタイプ開発を目指しました。

周りのみんなは、私が建築業界に進むものだと思っていたようです。しかし、将来やりたい仕事を考える中で、次第に広告業界に興味を持つようになりました。きっかけは、仲良くしてもらっていた成績優秀な建築学科の先輩が博報堂に就職したこと。先輩から話を聞き、自分が本当にやりたいことは何なのかを掘り下げていくにつれ、広告への思いが高まっていき…。そもそも建築というより、モノづくりそのものが好き。子どもの頃にはオリジナルの遊戯王カードをたくさん手づくりし、その枚数は分厚い手帳1冊分にもなりました。建築学科に進んだ理由も、理系と文系と美大のいいとこ取りができるのではと思ったからです。建築は実際、一つつくるのに長い時間がかかるけれど、自分は短いスパンで色々なモノをつくりたい。やはり広告業界は相性が良いのではないかという結論にたどり着きました。

ポータルサイトを模した
履歴書で食いつきは抜群

実際に受けたのは、電通・博報堂など総合広告会社を複数社。インターネット広告関連では、チームラボとカヤック。博報堂は早々に選考が進んでいましたが、ちょうどその頃はマスメディア広告とネット広告のどちらに進むべきか悩んでいた時期。自分の考えが整理できないまま面接を受け、落ちてしまいます。その後、自分の目指す方向はテレビCMや新聞ではなくデジタルだ、という考えに至り、次に受けたチームラボからは内定をもらうことができました。そして博報堂以外の広告会社の選考が進む中、カヤックからも内定をもらい、就職活動は終了。カヤックに決めた理由は、デジタルが主軸だったことと、若手のうちから希望の職種で裁量を持たせてもらえることが大きかったですね。大きな企業ほど、どんな職種や部署になるか、不確定な要素が多いですから。

面接では、建築学科で学んだプロセスは、広告と近しいものがあるという話をしました。調査から始まり、課題の発見、コンセプト設計、そして実際にモノをつくるという一連の流れはほぼ同じ。エントリーシートに自由記述欄がある場合には、Yahoo!ニュースをまねた「Yohji!ニュース」を提出しました。記事の見出しや本文には志望動機や自己PRを織り込み、右カラムのアクセスランキングには過去の自分の作品情報を複数入れてアピール。このエントリーシートをベースに、「アイデアを発見してそれを形にし、みんなから興味を持ってもらえるものをつくることができる人間です」とプレゼンテーションするとウケがよく、手応えを感じましたね。

面接官からよく聞かれたのが、「入社後、うちの会社で何ができますか?」という質問。それには「Twitterで培ったおもしろポイントの選球眼を駆使して、クリックしたくなるような広告がつくれます!」と答えていました。というのも、大学時代はTwitterにハマっていて、4年間毎日50ツイートし続けていたくらい、ネットに夢中だったのです(笑)。

傍観者から当事者へ。
SNSのタイムラインが動いた

プランナーとしてカヤックに入社し、今年で5年目。2年目までは先輩と一緒に仕事し、3年目から徐々に独り立ちして今に至ります。周りに良くしてもらったおかげで、今のところキャリアは順風満帆です。カヤックは入社前に抱いていたイメージ通り、むしろそれ以上の会社でした。若手にも思ったより裁量を与えてくれるし、良いアイデアはどんどん採用される。もしダメでも、理由を聞けば改善に向けてフィードバックやサポートをしてもらえます。良い意味で先輩後輩のしがらみがなく、関係性がフラットなのにも驚きました。そして、頑張ったら頑張った分だけ評価されるので、自分のやる気次第で無限に成長できる環境が整っています。心の奥底から自然に面白いことをしたい!と思っているようなメンバーばかりで、魅力的な社風です。

印象に残っている仕事は、入社2年目に手がけた「世にも奇妙な物語」の話題化施策。ドラマの演出に合わせて、女子高生AIりんなからLINEが届くという内容がTwitterでバズり、タイムラインを見てみると、みんながものすごく怖がっていたのです。学生時代、Twitterは傍観者の立場でしかなかったのに、まさか自分が考えた企画でここまで影響を与えることができるとは…!やりたいことが実現し、広告業界で働いていてよかったと思える瞬間でした。

仕事でも私生活でも
面白いモノを仕掛けていきたい

新しい技術を使って、誰もつくっていないモノをつくりたいですね。広告の新しい枠組みも、若い目線・感性で開発していきたいという思いがあります。

最近はプライベートワークの代わりに、日常の過ごし方を工夫して、日々を楽しめるよう心がけています。例えば、ガチャガチャのカプセルにランダムでお総菜を入れ、出てきたものをつまみにお酒を飲むとか。開けるまで何が出てくるかわからないワクワク感がありますよ。ソーシャルゲームにヒントを得てSSR(スーパースペシャルレア)などつまみのレアリティも設定。先日はチャーシューがそうでした(笑)。

広告業界の良さは、遊びが仕事になるところ。先ほどのガチャガチャの話にも通じますが、「こうやったら楽しくなるのでは」というひらめきを具体化していけば、それがそのまま広告コンテンツになります。極端な話、人生を楽しむぞ!という意欲がある人ならば誰でも、優れた企画をつくれるはずです。

休日はカプセルトイに食材を入れて、飲み会を楽しむ。

マテリアル
執行役員 / Executive Storyteller

関 マテリアル 航 Wataru Material Seki

1991年生まれ。同志社大学スポーツ健康科学部卒業。サニーサイドアップに新卒入社後、同年にマテリアルへ参画。自らプランニングセクションを設立し、カンヌライオンズ金賞をはじめ、国内外の100以上のアワードを受賞。その後、社会を舞台にブランドとステークホルダーと経済とを結ぶストーリーテリングの概念を確立。現在はプランニング業務と会社経営を行き来しながらPRAgencyの可能性を模索中。最近の仕事はプロクター・アンド・ギャンブル・ジャパン パンテーンの「#HairWeGo」のキャンペーン設計など。

Job Hunting Histories of Young Planners & Copywriters

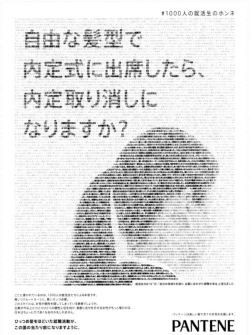

パンテーン「#HairWeGo」キャンペーン/プロクター・アンド・ギャンブル・ジャパン

レッドブル「スチューデント・ブランド・マネージャー」としての活動

学生や年齢は
関係ない。
今すぐ動けば
道は開ける。

**サッカー少年が
マーケティングに出会う**

小学生の頃からサッカーを続け、プロを目指していました。しかし、怪我が原因で選手の道を断念。大学では指導者になるべくスポーツビジネスを学んでいました。

そんな時に先輩の紹介で参加したの

が、エナジードリンクメーカーのレッドブルが実施しているプログラム「スチューデント・ブランド・マネージャー（SBM）」でした。当時は「レッドブル」を筆頭に様々なブランドが一気に参入し、まさにエナジードリンクというマーケットが日本で確立しはじめたタイミング。学生のマーケットにおいて競合とのシェア争いに勝つことは、マーケティ

ング上とても重要な意味を持っていました。このプログラムは、大学生自身がレッドブルの学生向けプロモーション活動を担うもの。私は関西エリアのリーダーとして、サンプリングやイベントなどを実施しました。当時は、SNSが学生に普及しはじめたタイミングでもあります。コミュニケーションの効果を最大化させるため、Twitterでの広がりやYahoo!ニュースへの派生の仕方から逆算して、ものごとを考えるようになりました。

スポーツビジネスに近しく、サッカー関連の就職に活かせるのではと考え、レッドブルのプログラムに参加したものの、気がつくと自分の興味はマーケティング領域に。ブランド戦略のノウハウなどを積み上げ、将来への選択肢が増えていく中で、自然とPR業界を目指すようになったのです。

倍率は関係ない、一番になればいい

レッドブルでの活動などを経て、就職活動では、若いうちから経験を積み上げられる会社へ入社したいと考えていました。スポーツ領域のPRにも力を入れていたサニーサイドアップが第一志望。他社は一切エントリーしなかったです。

就活は、どんなに倍率が高くてライバルが多かったとしても、「会社が目指す方向に対して、一番になれば勝てるゲーム」だと捉えていました。私は、レッドブルのプロモーション活動を行い、実際に生活者にリアクションをもらうための肌感覚を身につけました。また、先輩と共に事業を立ち上げ、関西の企業から仕事を受託してプロジェクトを回していました。SNSもあるし、記者の連絡先もWebでわかります。社会人にならないとできない、なんてことはありません。学生でも何でもできると、その時に身を持って学びました。

学生のうちから行動を起こし、PRがどうあるべきか自分の中の課題と理想を語ることができたので、いくつもの会社にエントリーする必要はないし、実際に希望通りの道を進むことができましたね。

日本の経営の中心にPRを

サニーサイドアップへ入社後、新たな環境でキャリアをさらに積み上げたいと考え、半年でマテリアルに転職しました。当時のマテリアルは営業職の社員がほとんどで、まだ20人規模の小さな会社でした。私は当時の社長に直談判し、社会人1年目ながら、社内初のプランナー職として自ら部署を立ち上げました。現在は「Executive Storyteller」の肩書きのもと、プランニング業務を行いながら、執行役員として当社の経営にも携わっています。

マテリアルは「MAKE NEW PR」を掲げ、パートナー企業の事業の可能性を広げるためのPRの在り方を突き詰めています。「PR」と聞くと、プレスリリースや記者発表会などが連想されがちですが、「パブリシティエグゼキューション（HOW）」と「パブリックリレーションズ（発想の在り方）」を混在させてはいけないと思っています。「PR」はそもそも「パブリックリレーションズ」の略称。そこを突き詰めることで、モノコトが飽和した難しい社会において、資本主義の経済合理（価値の対価にお金を払う）のルールに則りつつも、社会を舞台に、ブランドと生活者を望ましい関係で結ぶことができうるわけです。正直、日本のPR業界の仕事や、日本のPRはまだまだ不自由です。だからこそ諦めるのではなく、アクションを起こす。マテリアルでは様々な活動を通じて、日本のPRをもっと自由にすること、そして日本の経営の中心にPRを位置付けることを目指しています。

パートナーと共に覚悟を持って、信念のあるプロジェクトを行う

最近の印象に残っている事例としては、ヘアケアブランド・パンテーンの「#HairWeGo」キャンペーンですね。これはまさにブランドフィロソフィーを通じて、ブランドと社会との結びつきをつくるものとして、2018年にスタートしました。2019年に実施したキャンペーン第4弾「＃令和の就活ヘアをもっと自由に」では、一人ひとりの個性を尊重した就活をサポートするため、令和元年10月1日の内定式に合わせて、「髪から始まるもっと自由な就職活動」というメッセージを就活生に届ける広告を制作しました。

キャンペーンは最終的に139もの企業に賛同いただき、各社ごとに細かな調整を繰り返しながら、納得できるクリエイティブ、そして発信やアクションの在り方を追求しました。全てのプロセスがとにかく大変でしたが、本当の意味で社会にインパクトを与えるためには、思わぬリアクションに対しても細かくチューニングをして、みんなの思いの詰まったメッセージが社会と結びつくよう、徹底して伴走しなければなりません。パートナー企業の思いや、ブランドのメッセージを届ける立場であるからこそ、PR会社としての使命感と覚悟を持つことが求められるのです。

特にPRでは、クライアントの課題に対するプランニングだけでなく、実施した施策に対する人々のリアクションも踏まえて、ブランドの今後を考えていくことも大切です。一時的な接点で終わらせることなく、ブランドと生活者が長期的な信頼関係を築いていくためにも、PRは重要な役割を担っているのです。

このページが目に留まったあなたへ

この本を手にとっているあなたなら、今すぐに行動を起こせるはず。スマホを使えば、ネットにもすぐつながるはずです。プランナーになるための道筋を考え、さっそく実行してみてください。今は就職せずとも、学生の間から仕事ができてしまう時代です。この業界に少しでも興味をもったならば、まずは好奇心のままに動き出してみてほしいです。PR業界も、早期からトライを重ね、積極的に行動できるパワーを持った人を求めています。

PRプランナーは、ある意味で現代の「魔術師」のような仕事です。モノやサービスに溢れ、情報も飽和している中で、人を動かせる。直接触れなくても人を動かす魔法のような力を、どのように社会のために使っていくか。考えるほどに夢は大きく広がります。

東北新社
プランナー

三森舞 Mai Mimori

1992年生まれ。武蔵野美術大学視覚伝達デザイン学科卒業。2017年東北新社入社。入社以来、プランナーとして活動しながらディレクションも兼務。my japan2017 U-21 優秀賞・現地特別賞、2018年ヤングカンヌフィルム部門銅賞、my japan2018 優秀賞・特別賞を受賞。

ななつぼしWeb動画/ホクレン・北海道米販売拡大委員会

「STAY HOME」

きき湯 ファインヒート「ココロの歌」シリーズ/バスクリン

うまかっちゃん「土曜のお昼」/ハウス食品

ひとのわグマ JA共済教室/全国共済農業協同組合連合会

TFCオリジナル企画製作所「すんごいのうみそ」篇

就活は、肩の力を抜いて。人生が決まるなんてことはない。

文化祭のクラスTシャツづくりが原点

　子どもの頃から絵を描くことが好きでした。描いたもので周りに貢献するのがうれしくて、文化祭のクラスTシャツを進んで描くような学生でした。

　中学高校は大学までエスカレーターの私立学校に通学。受験をして良い大学に行く同級生も多かったのですが、私は勉強が大嫌いだったので受験に全部失敗して…。結局エスカレーターに乗って系列の大学に入学しました。

　でも、その大学が自分に全く合わなかった。英文学科だったのですが、興味もないしとにかくつまらない。そこで、大好きな絵を描くことができる美大に入り直すことにしました。そのために1年半く

らい画塾に通い、武蔵野美術大学に再入学しました。

美大時代に一番熱中していたことはアニメーションの制作です。大学3年生の時に授業の課題で初めてつくってみて、楽しくて仕方がありませんでした。それまでにも映像を撮ったことは何度かあったのですが、人に動きを指示する実写よりも、自分で好き勝手に動かせるアニメーションのほうが性に合っていたのです。

そこからは授業の課題に沿ってコンテを考えアニメを制作する、ということをひたすら繰り返していました。熱中しすぎてヘルニアになるくらいでしたね（笑）。

そうした作品が授業内で優秀賞に選ばれると、外部のコンペに応募することをすすめられました。でも、そういうことは手続きが面倒くさくて一切やりませんでした（笑）。私の性格上、自分が満足したら、もう終わりなのです。何よりも自分が楽しいことが第一優先です。

アニメーションをつくる以外はずっと遊んでいました。テニスとダイビングのサークルに入っていて、飲んでばかり。そのせいで卒業が危うくなり焦りましたが、なんとか卒業できました。

モノづくりの仲間だと
思って臨んだ面接

広告会社に行った先輩の影響で広告業界を意識するようになりました。就職活動では、映像制作会社を中心に受けていました。広告会社は受けなかったです。広告会社に行こうとしている友人を見ているとすごく頭がよくて行動力もあって、自分には無理だと思ったのです。

就職活動は言葉のイメージから連想される、あくせくやるようなものではない気がしていました。美大という自由な空間にいたからこそ、就活になった途端に丁寧にかしこまるのもおかしいと疑問を持つように。自由に制作して自由に自己表現してきた、美大生のノリのままやろうと思っていました。

だから履歴書も落書きのような感覚で絵しか書いていませんでした。面接でも面接官は一緒にモノづくりをする人だと思って、フランクに話をしていました。そうやって楽しくやったほうが、例え落

ちたとしても後悔しないと思ったのです。

プランナーとディレクターの
ハイブリットを目指す

現在は、主にテレビCMやWeb動画のプランニングをやっています。ディレクションもたまにやることがありますが、割合で言えばプランニングが9割くらいです。最初に入社試験でプランナーとディレクターを選べて配属が決まるのですが、私がプランナーを選んだのは、企画ができないとディレクションも責任を持ってできないと思ったからです。

社内の比率で言うと、ディレクターのほうが少し多いです。でも、この2つの部署は壁が薄いので、行ったり来たりしている人もいます。壁が薄いとディレクターと意見交換しやすいのが楽しいですね。ディレクターは私たちが考えた企画を、1から100にする人間です。私が企画の段階で想像していたものが、彼らの手で着色されて、映像の幅が広がっていくことに魅力を感じています。

仕事の喜びは、やはり自分が最初に描いていたコンテが実際に表に出ていくことですね。ラジオで自分のはがきが読まれる感覚に近いかもしれません。CMがオンエアされると「見て見て！」と誰かに自慢したくなる。「この絵を描いたんだよ！」と幼い頃にみんなに見せていた感覚と同じ気持ちになることができます。

今後は、世の中に合わせ、時代に合わせながら、いつまでも楽しいことを考えて形にしてハッピーにニコニコと仕事をしていきたい、それにつきます。自分が小さかった頃の、テレビCMがクラス中の話題になっていた時代がまた巡ってくることを信じて、テレビCMをどんどんつくっていきたいですね。

何でも受け入れられる
広い心を持っている人が向いている

広告業界には、いい意味でプライドがない人が向いていると思います。モノづくりのクリエイターはプライドを持っている人がほとんどだと思いますが、映像制作会社のプランナーは、上に広告会社のクリエイティブディレクターやクライ

アントがいる。だから思いもよらない方向性になったとしても、次に切り替えられる人が向いていると思います。自分が提出した企画が、大きく変更されている。そういう時に「お、なるほど。そう来たか。よし次はこうしてみよう」とすぐに次に活かせることが大切です。CM制作はスパンが短いので、切り替えができればチャンスはいくらでもあります。

あとは、ある意味で世の中に固執していない人が向いていると思います。今の時代、本当に何がはやるかわからない。そういう時に、柔軟に自分の好き嫌いなくはやっているものを受け入れられるかは大事なことだと思います。自分の好きではないものを拒絶して受け入れられなかったら、ずっと美大生のままな気がします。

肩の力を抜いて、
なんとかなるから

"学生のうちに賞を取った"や"何かでバズった"よりも、人となりが大切だと思います。なんとなくでも「もうちょっと話してみたいな」と思わせる人かどうか。「見ている視点が面白い」「のびのび個性を出している」、そういったもののほうが結局信頼できるのです。だから逆に「学生時代に一度も話題になったことがない」という人でも問題ないと思います。

あと就活は、肩の力を抜いてほしいですね。「絶対に大手の広告会社に行く！」というのももちろんいいですが、「そんなに良いとこじゃなくても人生なんとかなる」くらいでいい。最初に行く会社で人生が決まるなんてことは絶対にないですから。人生の手段の一つとして、ゆるりと考えてくれるといいなと思います。

自分が今一番楽しいと思うことを信じてやりぬく。私はそうやって生きてきました。楽しくやれていれば、それが自信にもなりますよ。

学生時代の作品「THE BODIGMIES」

Job Hunting Histories of Young Planners & Copywriters

サン・アド
企画・演出

平本瑞季 Mizuki Hiramoto

1990年東京生まれ。東京藝術大学大学院映像研究科メディア映像専攻修了。2017年サン・アド入社。第22回学生CGコンテストにて、「病室からの景色」「あたまの中で眠る」がアート部門最優秀賞を受賞。また、六本木アートナイト2016に「寿司パフォーマンス」で参加し、注目を浴びる。ヤングスパイクス2017、インテグレーテッド部門日本代表。

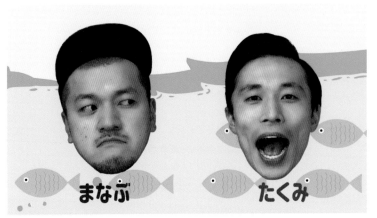

鉾田の誇り「Melon Rap」/鉾田市

鉾田の誇り「半(パ)カットメロン侍が斬る！」/鉾田市

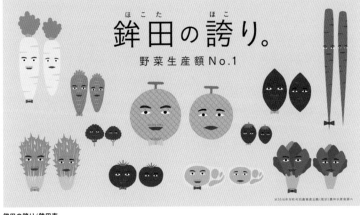

鉾田の誇り/鉾田市

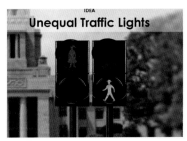

ヤングスパイクス2017受賞作品

学生時代の作品「あたまの中で眠る」

何でもいい。自分の好きを貫き通せ！

何でもやってみないと気が済まない

　小さい頃から絵を描くことや工作が好きで、物心ついた時には「将来は絶対美大に行く」と決めていました。ただ、どの学科に行くかはかなり迷いました。というのも私は、美術部、茶道部、陸上部、応援団と部活を掛け持ちするくらい、やりたいことは全部やりたい！という性格で（笑）。

　2浪した後、総合的に造形能力を身につけることができると思い、武蔵野美術大学の基礎デザイン学科に入学しました。

　大学入学後も、何でもやってみたい欲はおさまらず、他学科の授業に出席したり、色々な教授のゼミに勝手に参加したりしていました。そんな中、映像学科の先輩の演劇に役者で出演する機会がありました。この公演に参加していた学生たちが、のび

のびと思い思いの表現をしているのを見て自分も仲間に入りたいと思い、3年生の時に映像学科に転科しました。

そこでできた仲間と一緒に何かをつくったり、新しいことに挑戦したりするのはとても楽しかったです。私自身も自分の作品をつくり始め、街中で人が寿司になる「寿司パフォーマンス」や、「うたのおねえさん」ならぬ「お絵描きおねえさん」を目指す「いっしょに！おえかきおねいさん」など、パフォーマンスと映像を融合させた手法で自分なりの表現を探っていました。

そんなアウトプットの一方、大学の図書館に入り浸り、古い映画やアートの貴重な資料を貪るようにインプットしていました。とにかく学生生活を目一杯充実させたい、と毎日大学をフル活用していましたね。

仲間と居場所を求めて始めた就活

就職するよりも、もっと作品をつくりたいと思い、東京藝術大学大学院映像研究科メディア映像専攻に進学しました。大学院では映像制作についてみっちり学びました。在学中に自主公演をした「病室からの景色」「あたまの中で眠る」というパフォーマンスで学生CGコンテストで最優秀賞を受賞。また、継続していた「寿司パフォーマンス」で六本木アートナイトに参加できました。

そうした機会が重なり、「アーティストとして生きていけるのでは」とも思ったのですが、これから先、一人で制作や活動を続けていくことに限界や不安を感じていました。そこで、修了後の新たな「仲間」と「居場所」を見つけるために就職する道を選びました。働いて得た知識や経験は作品制作にも活きるだろうし、転科した時のように、新しい世界へ一歩踏み出すことで視野が広がり、成長できるとも思ったのです。

就職活動を通して得た出会いの中で、サン・アドへとたどり着きました。これまでの活動や作品を面白がってもらえ、入社試験を受けることに。試験では、受験生時代に身につけた描写力、パフォーマンスなどの作品制作で体得した発想力やプレゼン力、大学院で学んだ映像感覚、コンテや企画書をまとめる力を発揮し、内定をいただくことができました。

最初の仕事は自分を知ってもらうことだった

晴れてサン・アドへ仲間入りし、やる気満々な私でしたが、仕事が振られるわけでもなく、1カ月くらいは全くやることがありませんでした。そこで、私は会社の先輩たちに順番に声をかけ、ランチに連れて行ってもらう作戦を決行。自分のことを話したり、会社や仕事のことを聞いたりしているうちに、先輩とも親しくなりました。そのかいあって、「平本はこんなことをやる子なんだ」と興味を持ってくれたプロデューサーから少しずつプロジェクトに加えてもらえるようになりました。

他にも自主的にコンペにも取り組み、入社から3カ月後に出場したヤングスパイクス2017では、インテグレーテッド部門で日本代表として本選に参加することができました。これを機に、海外の広告にも興味を持ったり、他社の同年代とのつながりができたり、プランナーとして仕事をいただいたりと、世界が広がりました。

現在は、企画・演出という肩書きで、ディレクターからプランナーまで幅広く仕事をしています。ディレクターとしては、2018年から継続して鉾田市のメロンのPRムービーをディレクションしています。プランナーとしては、CMの企画はもちろん、キャラクターデザインや、SNSや屋外広告の施策など、ジャンルを横断してアイデアを出しています。

今後は、映像に軸を置きつつ、何にでもチャレンジする姿勢を貫き、肩書きに縛られず活躍したいと思っています。また、仕事だけでなく、年に一つは自分の「作品」をつくると決めており、働きながら作品制作を続けようと試行錯誤しています。2019年は会社のメンバーを巻き込んで自主公演を行ったり、2020年は外出自粛期間中に「今日を積む」というオンラインパフォーマンスを毎日配信したりと、積極的に活動しました。サン・アドにはそういう活動を理解してもらえる土壌があり、そんな仲間や居場所に出会えた私は幸せだなと実感しています。

仕事以外の「好き」が、仕事になる

広告の仕事は様々な業種・職種の人と関わるので、興味・関心の幅が広い人に向いていると思います。そして、広告以外にも自分の「好き」がある人が強いなと感じています。打ち合わせをしていても、好きなことがある人はそこからアイデアを引っ張ってきます。他の人が思いつかないような視点から考えた企画は個性が出ていて面白いです。また、人より好きなものが一つでもあることで、思わぬところで重宝されることもあります。それが大それたことでなくても、アニメを毎期全部チェックしているとか、お笑いの動画を見まくっているとか、どんなことでもいいのです。そして私自身も、これまでバラバラに思えた「好き」が今につながっていて、「好き」という気持ちが最強なのだなと実感しています。

学生の皆さんには、自分が好きなものを徹底的にやりきることをおすすめします。それが学生の特権だし、後々自分の宝物になり、武器にもなります。「好き」を信じて、自分だけの道を突き進んでほしいですね。広告業界には、そういう人を面白がってくれる「仲間」と「居場所」が待っていますよ。

学生時代の作品「寿司パフォーマンス」

学生時代の作品「いっしょに！おえかきおねいさん」

学生時代の作品「病室からの景色」

若手クリエイターの就活話を振り返って
―――――― 広告の歴史からみる今の若手 ――――――

皆さんと近しい世代の生々しい就職活動の話はどうだったでしょうか？
個人的には、就活におけるtips的なものは、
実は第一線の皆さんの時代と変わらないのだなと思いました。

端的な変化としては、
若くして活躍する人が増えている。これに尽きます。
僕がこれくらいの年次の時は特に言えることなどありませんでした。

なぜか？
ちょっと広告の歴史の話をします。

新聞やテレビなどメディアが強くなる前は、
その場で目立つことをやる必要があったので派手な看板を出したり、
チンドン屋をやったりといった手法が一般的でした。
テレビが台頭してきて全国に情報を届けられるようになったマスメディア全盛期は、
どこで何回CMを流すかといった枠が決まっている中で表現をどうするかという時代でした。
だから、若手がそこで台頭するのはなかなか難しかった。
それが、デジタルが一般化してきて、枠を自由につくり出せるようになった。
動画を何本もつくったり、ソーシャルメディアでコピーを書いたり。
活躍の場が増えたのです。
同時に、これに頼っていれば情報が届くという王道がなくなり(依然テレビは圧倒的に強いですが)、
「情報を届けるためなら何をやってもいいはずだ」という時代になってきました。
決まり技が効かなくなってきたことで、
今何をやるとウケるかという若手の視点の価値が相対的に上がりました。
それで、早くに活躍しやすい土壌となっています。

それは広告に限らずで、
ソーシャルメディアの一般化により、例えが大きすぎるかもですが、
ビリー・アイリッシュのように若くして活躍している人が増えていますね。
世間に自分の意見や作品を投げかけ、反応を受けてアップデートして、また行動する。
といったサイクルを高速で繰り返せるようになったため成長の速度が上がっています。
同世代の才能とつながりやすくなり、また世界中の視点に触れやすくなったのも要因です。

①もしあなたが、
SNSを駆使してある程度の立場を獲得しているとして、広告に興味があるとしたら

広告に進む意味について考えてみましょう。

例えば「自分一人の規模ではできない仕事ができるようになる」というメリットがあります。

広告はチームワークです。

クライアントがいて、関係会社がいて、社内のチームがいて、

みんなが納得いく大きな仕組みを考えて世間を揺るがす。

そのためには、説明の技術やみんなに伝わる企画を考える技術が必要になってきます。

そして、そこで獲得した技術は、もしまたあなたが一人でやっていくとした時にも活きるはずです。

②もしあなたが、
SNSなどで活躍しているわけでもないけど、広告に興味があるとしたら

心配無用です。SNSのフォロワー数なんて全然関係ありません。

これが不思議なもので、

フォロワーが多かったり、自分の作品が魅力的だったりしても、

広告が得意とは限らないのです。

なぜなら、広告は自分ではない人やモノを売る仕事だからです。

もちろん両方うまい人もいますが、そうではない場合も多々あります。

だから安心してください。

誰かのためになることを考えられるなら

仕事を通じていくらでも活躍をすることができるはずです。

両者どちらにしても大事なのは、

それっぽさに騙されないで、自分なりの視点で自分の言葉で

社会や人間を理解して説明することができる、という能力だと思います。

時代は勝手にどんどん変わります。今重宝される能力はすぐ過去のものになる。

チンドン屋の時代から変わっていない、人を振り向かせようとする欲望。

そこから目が離せないなら、あなたはこの業界に向いているはずです。

KURI-KATSU 2

KURIKATSU Second

KURIKATSU Second : A Job Hunting Book

RECRUIT
RECRUIT
RECRUIT
RECRUIT

RECRUIT

PLANNING & COPYWRITING KURI-KATSU 2 KURI-KATSU 2 KURI-KATSU 2 KURI-KATSU 2

KURIKATSU Second

PLANNING & COPYWRITING

3

STO...ERS

各社クリエイターによる採用の考え方

Stories from Creative Recruiters

電通、博報堂、ADK、カヤック、プラップジャパン、太陽企画6社に所属する、採用担当やクリエイターによる各社の採用の考え方に迫ります。それぞれ企業として、どういった人材が求められているのか、真に迫った貴重なインタビューです。

RECRUIT
RECRUIT
RECRUIT
RECRUIT
RECRUIT
RECRUIT

-Inte

P84 P91

128 pages | KURIKATSU Second :
A Job Hunting Book for Creators

Yoshimitsu Sawamoto
Tatsurou Miura
Takeshi Tsuji
Akihito Abe
Taku Yoshimiya
Eiji Tanigawa

6 CREATIVE RECRUITER*

KURIKATSU Se
A Job Huntin

...TSU2KURI...

RECRUIT

RECRUIT

dentsu

株式会社電通

CDC
ECD

澤本嘉光 Yoshimitsu Sawamoto

東京大学文学部卒。東大新聞研究所(現・情報学環)修了。電通入社、CMプランナー、クリエーティブディレクター、映画の脚本、MV制作など。

プランナー・コピーライター職に求める人物像とは何ですか?

受容する能力。解釈する能力。置き換える能力。知りたがりの能力。それらの持ち主。それで、負けん気の強い人。さらに、いばらない人です。

作品(もしくは課題)のどこを見ていますか?

その人だから出てくる視点。独自性、色。それらを課題を通して見ています。

作品(もしくは課題)をつくるうえでアドバイスをお願いします。

いいコピーはみな数をたくさん書けば書けている。でもどれがいいか選べてないだけ。何がいいコピーかを選んでもらい、その理由を考えていくといいコピーは書けるようになります。

面接ではどこを重視していますか?

質問に対しての返し方。対処の仕方。リアクション。嘘をついてないか。背伸びしすぎてないか。そういったことを面接では見ています。

学生時代に学んでほしいことは何ですか?

人間らしさ。人間的な魅力のない人の企画は魅力的ではないので。ぜひ学生時代には磨いてください。

学生時代にやっておくべきことはありますか?

あと数年で時間的余裕がまるでなくなると思った時に、今やっておかないとできないと思ったことをしてください。

就職活動をしている学生へメッセージを。

どこが長所かなんて実はまだ気がついてない可能性があるので、長所を探してみてください。そして大学の時に何もしてなくても十分に社会人デビューできる仕事です。今からトップを取れますので頑張ってください。

統合プラニング局
クリエイティブディレクター/チームリーダー

三浦竜郎 Tatsurou Miura

2003年慶應義塾大学環境情報学部卒、同年博報堂入社。広告クリエイティブで培った課題解決力を拡張して、ブランドの転換点をつくり新たな企業文化へ育てていく「構想/発想/実装」を研究・実践している。カンヌライオンズ金賞をはじめとしてフィルム、モバイル、データなど幅広い領域で受賞多数。2017年クリエイターオブザイヤーメダリスト。カンヌライオンズ、ACC TOKYO CREATIVITY AWARDS などの審査員も務める。博報堂インターンではクリエイティブアイデアサーキット、デザインイノベーションサーキット両コースのリーダーを担当。料理とキャンプがすき。

・HAKUHODO・

株式会社博報堂

プランナー・コピーライター職に求める人物像とは何ですか?

私たちの事業領域は近年大きく拡大しています。みんながワクワクする未来を構想でき、事業課題をあっと驚くアイデアで解決できる人。あたまがやわらかく、クリエイティブとテクノロジー、ビジネスを高いレベルで結合できる人を探しています。また、誰も見たことのないアイデアを実現する際には様々な困難を創造的に乗り越えないといけませんから、タフなオプティミズム、みんなに信頼される人間性、そしてなにより「つくること」への情熱がないといけないと思っています。

作品(もしくは課題)のどこを見ていますか?

プランナー・コピーライターの候補を探す際には、学生時代の作品自体はあまり見ていません。それよりも、世界をどんなユニークな目で見てきたか。多様な価値観を理解できるか。なるほどとうならせる高い論理思考ができるか。それでいて正しいだけで満足しないクリエイティブジャンプがあるかを見ています。企画やコピーの技術は入社してからいくらでも教えることができるのですが、ものの見方や考え方は、なかなか教えられないものなのです。

作品(もしくは課題)をつくるうえでアドバイスをお願いします。

みなさんは多かれ少なかれ、学生時代に自分が「おもしろい」と感じた分野を選んできていることと思います。あなたがなぜその分野をおもしろいと思って、どんな部分に興味を持ったのか。そしてあなた自身の課題意識として、世界の誰も取り組んでこなかったどのポイントを掘り下げたいと思ったのか。そんなあなたの人間性が伝わってくる作品や課題はとても魅力的です。あなたが心からおもしろい!と思えるものを、見せてほしいなと思います。

面接ではどこを重視していますか?

なにごとにもコラボレーションが求められる会社ですから、まずは自分の考えを自分の言葉で正しく伝えられるか。人の話をバイアスなく聞けるか。ストレスなく会話が弾むか。そういったコミュニケーション能力を見ています。しかしだからといって、ただ面接がうまければいいというわけではありません。会話の向こうに、ユニークだったり、チャーミングだったり、信頼できるといった、一緒に働きたくなっちゃう人間性があるかも見ています。

学生時代にやっておくべきことはありますか?

今「あたらしい好奇心の育みかた」が問われていると思っています。キャリアも、プロフェッショナリズムも、自由に組み立てられる時代。前例がないなら、きみがなっちゃえばいい。だからこそ、自分の力でおもしろい!と思えるスイッチを探して、自分にモチベーションを与え続ける力が必要になってきています。自分の好奇心がふくらむ感覚をつかんでください。好奇心にどっぷり浸かる経験を楽しんでください。そうして育んだ好奇心は、不確実で自由な時代において、コンパスのようにみなさんを導いてくれるでしょう。

就職活動をしている学生へメッセージを。

誰もが新しい当たり前を探す時代。心からおもしろいと思えるものにこそ可能性がある。君にしかないクリエイティビティを、探してみよう。

ADK<

**株式会社
ADKクリエイティブ・ワン**

クリエイティブ本部
クリエイティブディレクター/コピーライター

辻 毅 Takeshi Tsuji

1997年旭通信社(現ADK)入社。テレビ局担当3年、メディアプランナー3年を経て、2003年に転局試験でクリエイティブへ異動。TCC新人賞、カンヌメディアライオンゴールド、アジア太平洋広告祭など受賞多数。ACC審査員・東北芸術工科大学講師。

プランナー・コピーライター職に求める人物像とは何ですか?

「おせっかい屋さん」タイプです(笑)。頼まれてもいないのに、イチイチ物事の課題を見つけては、改善策や解決策を提案してあげたくなっちゃう人。僕のまわりには、こういう人が本当に多い。課題の本質を見抜く洞察力がある。常識にしばられず、誰かの価値観を受け入れられる柔軟性がある。誰かのために汗をかける行動力がある。言い方を変えれば、人間力が高い人ということになるでしょうか。

作品(もしくは課題)のどこを見ていますか?

僕は、自分の心が動かされるかどうかを大事にしています。目標設定は、チャレンジングなものになっているか。単なる思いつきではなく、戦略思考に基づいているか。ちゃんと課題を解決する表現になっているか。その表現に新しい気づきやオリジナリティーはあるか。教科書的には、これが100点の答えです。でも、結局は「それで本当に人を動かせるかどうか」が大切な基準だと思います。

作品(もしくは課題)をつくるうえでアドバイスをお願いします。

僕らの世界では、「バカ」は最高の誉め言葉。「そうきたか!」と僕らを驚かせてくれることを期待しています。表現をつくる時は、あまり真面目に考え過ぎず、悪戯心と遊び心を大切にしてほしいと思います。恥ずかしがらずに、自分を出し切ってください。どこまでアイデアを飛ばせるか。失敗を恐れずに、思いっきりバットを振ることを心がけましょう。欲を言えば、案の数も多いほうがうれしい。アイデアの幅を見ると、その人のポテンシャルを知る手がかりにもなります。

面接ではどこを重視していますか?

「この人と一緒に仕事したら楽しそう!」と思えるかどうか。クリエイティブの仕事は、ある意味人気商売。クライアントや社内のスタッフから可愛がってもらえるかどうかも、大切なポイントだったりします。今の学生さんは、プレゼン慣れしていて、自分の見せ方も本当に上手。でも一方で、傾向と対策を意識し過ぎて、型にハマりがちです。面接の本番では肩の力を抜いて、ぜひ「自分らしさ」を出し切ってほしいですね。

学生時代にやっておくべきことはありますか?

とにかくたくさんインプットして、アイデア貯金をしておきましょう。映画でも本でも、何でもかまいません。食わず嫌いをせずに、色々な作品に触れておきましょう。経験は財産になります。色々なところに旅行して、色々な体験をしておきましょう。

就職活動をしている学生へメッセージを。

面接官も一人の人間です。相性がいい人、悪い人、いると思います。相手に合わせて当てにいこうとすると、軸がぶれてしまって、本当の自分を見失いがち。お互いが理解し合えずに面接が終わるのは、本当にもったいないですよね。あまり自分をつくりこみ過ぎずに、自然体で頑張ってほしいと思います。

株式会社カヤック

クライアントワーク事業部
クリエイティブディレクター 兼 事業部長

阿部晶人 Akihito Abe

大阪府出身。電通ではコピーライター、CMプランナーを経て同社初のWebプランナーに。その後オグルヴィ・ジャパンに最年少クリエイティブディレクターとして入社、9年在籍し、2017年に鎌倉の面白法人カヤックにジョイン。現在同社の事業部長をやりつつ、「うんこミュージアム」のクリエイティブディレクションなどを手がける。これまでカンヌライオンズなど数々の広告賞を受賞。またOne Showなどの海外審査員を歴任。仕事の傍ら、全日本剣道連盟の情報小委員会委員長として剣道の普及振興にも尽力している。通勤手段は徒歩(約15分)。

プランナー・コピーライター職に求める人物像とは何ですか?

頭でっかちではない人。知識を知恵に変えられる人。物事を深く考えられる人。仲間を大切にする人。どんな状況でも面白がれる人。プランナーやコピーライターを探しているのではなく、将来そうなれそうな天然素材を探しているのです。

作品(もしくは課題)のどこを見ていますか?

具体アウトプットそのものよりも、そうなった経緯や意図を聞いています。具体アウトプットのスキルは後からでも訓練で身につけられますが、着眼点はそれまでの生き方などがかなり影響するからです。

作品(もしくは課題)をつくるうえでアドバイスをお願いします。

正解を探しすぎないでください。僕はあなたの情熱や衝動の発露が見たい。きれいにまとめようとしないでください。そんなことは社会に出たらできるようになりますから。自分の「好き」に素直になってください。それがあなたの最強の武器なのです。

面接ではどこを重視していますか?

バイタリティと透明感。状況に応じて臨機応変に解決していくことが僕らの仕事なので、それができるしなやかさを備えているかどうかを見ています。また、社会人になってから大きく成長するためには純粋な心が必須なので、心の「透明度」も重視しています。カヤックは「何をするかより誰とするか」という言葉があり、人間性をとても大切にしています。

学生時代に学んでほしいことは何ですか?

どの世界にも上には上がいるということ。何かにどっぷり打ち込むということ。自分なりの視点を持つこと。

学生時代にやっておくべきことはありますか?

たくさん失敗をしておくこと。何をしている時が自分にとって一番楽しい瞬間なのかを見極めること。各界にいる天才たちに出会うこと。できれば何かで世界を目指してみること(些細なことでも良い)。結果、自分の喜怒哀楽の上限値を増やすこと。

就職活動をしている学生へメッセージを。

相思相愛で結実するという意味で、就活は恋愛に似ています。ということは面接は合コンのようなもの。そう思うと何だか楽しくなってきませんか? それでも就活に疲れたら、鎌倉のカヤックにぶらっと遊びに来てください。コーヒーをご馳走しますよ。

![PRAP JAPAN, Inc.]

**株式会社
プラップジャパン**

取締役
戦略企画本部長

吉宮拓 Taku Yoshimiya

1995年プラップジャパン入社。PRコンサルタントとして、食品・飲料・製薬、IT、自動車、電力、不動産、航空、自治体など幅広い業界の広報活動を支援。2006年より8年間、戦略企画部でプランナーとして広報戦略立案に従事。2019年より現職。メディアトレーニングのシニアトレーナーとして企業トップや経営幹部へのコンサルテーションにも携わる。2016・17・20年、日本パブリックリレーションズ協会「PRアワードグランプリ」審査員を務める。

プランナー職に求める人物像とは何ですか？

一番は情報感度が高く、どんな物事に対しても楽しさを見いだせる人です。プラップジャパンのプランナーは、クライアントの課題解決の糸口をPR視点で見極め、コミュニケーションプラン全体の展開を描いていきます。クライアント側への興味関心はもちろん、移り変わりの早い情報伝達手段のトレンドや消費者インサイト、社会課題の潮流も追っていく必要があります。その上で、俯瞰的な思考ができるかが求められます。あとはチームで仕事をするので「人柄」も大事ですね。

面接ではどこを重視していますか？

コミュニケーション能力をみています。プラップジャパンが考える"コミュニケーション"とは、伝える、では足りず、伝わる、でもなく、その結果相手を動かすことだと定義しています。相手を動かすには、相手に「納得」してもらわなければなりません。そのためには、相手のことを知る必要があります。どんなに素晴らしいアイデアのプランニングをして、クライアントにプレゼンしたとしても、それがクライアントのカラー、立場、現状とマッチしていなければ全く響かないのと同じです。相手のことを理解した上で語られる言葉には説得力が宿りますし、心地よいコミュニケーションになるものです。

学生時代にやっておくべきことはありますか？

関心がないこと、むしろ少し苦手だなと思っていることにチャレンジし、「面白がる力」を磨いてほしいと思います。好きなことを深掘りしていくこともちろん大事ですが、好きなことはほうっておいてもやるものです。まずはこれまで自分と関係がなかった世界とは何かを考えてみる、そして意識的にその世界に飛び込んでみてください。もしかしたら想像と違う世界がひろがっているかもしれませんし、なぜ苦手だと思うのか、その理由がよりはっきりするかもしれません。たとえ嫌いなことにも「なるほど、ここが面白いんだね」と前向きに転換できる力は、様々な角度から分析・企画するPRプランナーにとって重要で、思考を深めるとともに豊かな発想につながります。

就職活動をしている学生へメッセージを。

これからのビジネスには、"社会に寄り添う姿勢"が必要とされています。ビジネスや商品、コミュニケーションプランに、社会的な価値があるか、意味があるかを「見極める力」が欠かせなくなっている。つまりPRの本来の意味である「パブリックリレーションズ」の力が機能しやすい世の中になっている、ということです。このような価値観の時代において、PRパーソンの活躍の場はますます増えるでしょう。PR視点でコミュニケーション全体をプランニングしていく力が必要になるからです。コミュニケーションデザイン、プランニングという仕事に興味がある人はぜひPRの門を叩いてみてください。

TAIYO KIKAKU Co., Ltd.
太陽企画株式会社

CCO:Director
谷川英司　Eiji Tanigawa

2012年TOKYO設立。「The Directory Big Won Ranking 2012」において、Top Planning Directors 部門の世界第3位に選出。また、カンヌライオンズフィルム部門でGoldを受賞したほか、クリオ賞Grand Clio、アジア太平洋広告祭Grand Prix、ACC TOKYO CREATIVITY AWARDS Goldなど、国内外の広告賞で多数受賞。

プランナー職に求める人物像とは何ですか?

『アイデアこそが世の中を動かし、世の中を変える』と、本気で思い続けられる人。そして社会に寄り添いながら、新たなアイデアを提示し続けられるような人。

作品(もしくは課題)のどこを見ていますか?

アイデアとアウトプットへの姿勢をよく見ています。自らが生み出した至極のアイデアを、愛情を持って、どれだけ肯定し、どれだけ否定し、どれだけ主観・客観を行き来し、自らのアイデアを正しく、広く、世の中に伝えたいか、真摯に考え抜いたか。その姿勢を見ています。

作品(もしくは課題)をつくるうえでアドバイスをお願いします。

実際に作品に取りかかる前に、幅広くアイデアの種を集め、客観性を備えた上で、いかに自身のアイデアによってオリジナリティーが生まれるか、いかに自身が愛情を持って育てられるアイデアか、いかに驚きが生まれるアイデアか、どこがアイデアであるかを熟考し、自問自答しながら作品に臨んでほしいです。

面接ではどこを重視していますか?

上記同様、アイデアとアウトプットへの姿勢、そして頭の回転の速さを重視して見ています。

学生時代に学んでほしいことは何ですか?

様々な視点を理解する勉強を積極的にし、脳を柔らかくしておいてほしいと思います。

学生時代にやっておくべきことはありますか?

自身が興味がある部分は思う存分探究しつつ、興味がない部分にも積極的に触れ、幅広いアイデアの種を集めてほしいと思います。また、今や誰もが映像制作をできる時代です。だからこそ、この職業を目指すのであれば、一度は真剣に映像をつくってみてほしいです。

就職活動をしている学生へメッセージを。

世の中が大きく変わろうとしている今、クリエイティブの可能性は大きく広がっています。CMディレクターとして始まった私自身のキャリアも今、映像演出をはじめ、店舗やイベントの体験設計、またはビジネスそのもののデザインなど、表現の場が多岐にわたっています。アイデアによって、よりよい世界を築く可能性を信じて、ぜひ活動してください。

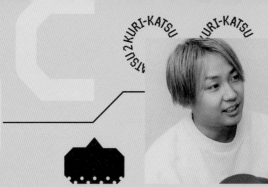

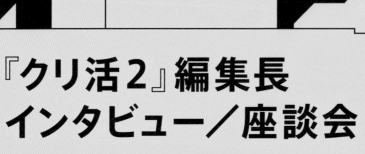

『クリ活2』編集長 インタビュー／座談会

Interview & Roundtable Discussion by Chief Editors

3人の編集長によるインタビューと座談会です。インタビューでは、各編集長の赤裸々な就活話を掲載。座談会では、様々な方々とのインタビューによる貴重な話や、印象深いフレーズなどを共有しました。プランニング・コピーライティング編以外でどういった話があったのかなど、ぜひご覧いただければと思います。

ROUN   TORS

-Inter

-Work

-Stud

P92 P101

Yoshiyuki Imoto
Noriaki Onoe
Atsushi Otaki

3 CHIEF EDITORS

KURI-KATSU 2

KURI-KATSU 2

KURI-KATSU 2

クリ活
編集長
就活話

**デジタル
クリエイティブ編
大瀧篤**

**アートディレクション・
デザイン編
井本善之**

**プランニング・
コピーライティング編
尾上永晃**

やるほどに
人間愛・地球愛につながっていく仕事は、
広告業界だけかもしれない。
全てを愛せるようになりたい。

**エクセレント常連メンバーへの
コンプレックスと怒りで鍛えられる**

大瀧：どんな幼少期だったんですか？

尾上：生まれは母の実家がある愛知県名古屋市の蟹江。父の仕事の都合で、神奈川県を中心に関東圏を転々としていました。父から譲り受けた才能だと思うのですが、幼い頃から絵が得意で助かりましたね。というのも、転校の際、絵を描くことで友人の輪になじめたからです。その後中学受験で鎌倉学園中学校・高等学校に進学。大学受験では、現役時に千葉大学工学部一本に絞ったところ落ちてしまい…。一浪の末、東京理科大学工学部建築学科へ進学することになりました。

井本：美大という選択肢はなかったんですか？

尾上：高校に美術部がなく、仲間と部を復活させるほど絵はずっと好きでした。でもデッサンにあまり興味がなくて。今も親交が続いている美術部の顧問から「デッサンが好きじゃないなら、無理してやることはない」というアドバイスを受け、デッサンが必要なく、けれどもアートの世界に興味があり、それがかなう大学・学部を選んでいましたね。

大瀧：確かに工学部建築学科は理系の中でおしゃれなイメージありますね。

尾上：他の理系の学科と比べると、女性比率は確かに高め。全生徒のうち3、4人に1人の割合で女性がいたかも。余談ですが、妻は大学の研究室の後輩です。

入学当初は、絵が得意だったから建築もいけるだろうという軽い気持ちでいましたが、甘かったですね。3カ月に一度のペースで課題を提出するのですが、評価が一番良い生徒がエクセレントのハンコをもらえ、みんなの前でプレゼンする機会が与えられます。エクセレントをもらう生徒の顔ぶれはほぼ毎回同じ。仲のいいメンバーは常連なのに、自分はびっくりするほど選ばれない。学科内のエクセレント常連同士はお互いの作品を知って仲良くなっていくんですよ。それで、友人が行く打ち上げについていくと「君のってどんな作品だったっけ？」と気をつかわれて聞かれるのが本当につらかった。

どうにかしないといけないと思っていたところ、とあるクラスメートの影響を受けたことで、作品づくりが楽しくなりました。そのクラスメートは常にエクセレントを取るわけではないけれど、毎回ぶっ飛んだコンセプトをつくり、「すごい…」の一言。彼の影響もあって自分も「真面目にやっても全然ダメだから、とにかくみんなをあっと驚かせるものをつくろう！」と思い、評価を気にせずのびのびと制作。作品と一緒に掲出するボードも、今まではみんなに習って文字で説明をたくさん入れていたのを、ビジュアルをバーンと入れるだけにしてみたりしました。みんな"柔らかい空間"など意味のわからない言葉を使うので無理してまねていたのですが、実はそういう文化に怒りを感じていて、やめたらスカッとし

ました。そうしたら周りの反応も良くなってきて、こっちのほうが向いているのかもと。こうして、大学4年生の一つ目の課題で初めてエクセレントを手にすることができたのです。東京のビルの上をモノレールでつなぐという都市デザインの案でした。藤本壮介先生に「バカですね〜」と言われて嬉しかったのを覚えています。

それでも、エクセレントの常連メンバーへのコンプレックスと謎の怒りは収まりません（笑）。卒業制作で最終プレに残れば一発大逆転なので、一泡吹かせてやろうとやる気満々でしたが、提出日間際になってもいいアイデアが思いつかず…。1月中旬提出なのに、年末の時点でノーアイデアでしたからね（苦笑）。相当焦りましたが、3D CADなどのソフトで卒業制作を仕上げている周りの同級生を見ていたところ、「これだ！」というアイデアが浮かびました。「誰もかれもパソコンのソフトで図面を引いているだけではないか。まるでパソコンの中に住んで、何か考えて、パソコンの中でしかモノづくりができていないようだ。この状況を建築にしよう！」と。そんな発想をもとに、デスクトップパソコンを住宅・複合施設・都市にそれぞれ見立てた木組みを3セットつくったのです。形は同じですが、機能が違うという模型です。メモリは回転させる場所だから、住宅だとキッチンの役割。ハードディスクは記録・保全する場所なので、貯蔵庫や冷蔵庫。複合施設だとするとハードディスクは美術館や博物館。都市の場合のハードディスクは尾道などの風致地区になるだろう…というふうに、パソコンの機能を置き換えていきました。

井本: よくそんなアイデアを思いついたな…。2週間弱で間に合わせたのですか？

尾上: はい（苦笑）。必死で間に合わせました。周りは空港などスケールが大きいものを先んじてつくっていて、かなり焦っていましたね。ただなにしろ、スケールを大きくしたら卒制になるという発想が絶対イヤでした。だから、とにかく建築の歴史と文脈を調べていて、過去と現在の共通点は何か。今やるべきことは何か。そういったリサーチを深めたことが後で効いてきました。1960年代の建築文脈を今やったらパソコンにつながるぞ！と興奮していました。それで、スケールよりも文脈だという気概でつくったら、なんと全体プレに選ばれてみんなの前で発表

することができたのです。プレゼンで、「現代の人間は、みなパソコンの中に住んでいます」と、草原に佇む巨大なパソコンの絵をみせたら大爆笑が起こりました。真面目にやっていた自分としては、納得いきませんでした（笑）。そんなこんなで、大学の4年間の最後になって、仮説を立てて→歴史の文脈も踏まえて検証して→人を驚かすアウトプットにする、といったことが得意だし好きなのだな…とわかりました。明確に今のスタイルとつながっています。

大瀧: それは印象に残りますね（笑）。その後は大学院に進んだのですか？

尾上: 大学3年生の時点では就職先のイメージも全くなく、ようやく設計がうまくいき始めたことでモラトリアムがほしい気持ちもあったので、大学院に進むことにしました。

大学院は、卒制の勢いも手伝って色々と自由に考えることができて楽しかったです。修士設計の段階では就職も決まっており、最後の設計になるので、これまでの建築設計の文脈自体を否定するようなことをやってみよう。かましてやろう。そんな思いで、アウトサイダーの研究を始めました。

井本・大瀧: え！？ どういうこと？

尾上: 最初にやろうとしたのは「人類の意思による建築」。街中にレゴみたいなものを置いて、通行人に各々ベストだと思う形にしてもらうと、最終的に作品としてベストなものができあがるのではないかという仮説を立てました。建築家の否定ですね。ところが、すでに同じような仕組みをトルコの建築家が実験済みだということが判明。それを見た時に、一人の郵便配達夫が異常な熱量でつくったシュヴァルの理想宮に似ている、と思ったんですね。ということは、「全員が喜ぶものは、個人の深層にこそあるのではないか」という考えが浮かびました。それで、アウトサイダーアート（主流から外れた芸術活動の総称で、美術に関する教育を受けていない独学者や知的障がい者などが既成概念にとらわれず自由に表現するもの）を研究して同じ手法で設計したら、ある意味すごいものがつくれるのではないかと思ったのです。

そこからは、毎日のように思いつきで絵を描いて、なんとなく好きな形を取り出して模型にして、なんとなく並べて巨大建築にしました。そして、大学院の最終プレゼンでは「自分が自分のためにつくった魂の巡礼路ですので、皆さんの評価には意味がありません」とプレゼンしたら、そうですかって感じでした…。

そんなこんなで、大学院生活は終了します。

4年生第一課題「東京ゴンドラ計画」
左は、東京の起伏のスタディでつくった地形の模型。右は、イメージスケッチ。

卒業設計「My Life in PC in my life」
左からPC、住宅(1/24)、複合施設(1/100)、都市(1/5000)の模型。木でつくって3つを並べて展示しました。

修士設計「わが領土」
落書きを続けて、気になった形を抽出して模型にしていき、最後は全部を合体させました。
思想としては、アンリ・ミショーの「わが領土」の影響を受けています。

尾上：模型製作に研究に、とても楽しく苦しく怠惰な生活でした。

**電通に受かっていなかったら、
空間デザイナーになっていたかも**

井本：どんな就職活動をしたか教えてください。

尾上：大学4年生の時、論文作成のパートナーが広告業界の存在を教えてくれました。彼は、SAMURAIの佐藤可士和さん（アートディレクション編にて紹介）が登場していた雑誌の表紙を研究室で披露してくれて、それがきっかけで広告業界を知ることに。

　大手広告会社は有名大・美大出身の人が行くところで、自分は入れないだろうと思っていました。OB・OG訪問も全くしていないし、そもそも広告業界で働くことが向いているかどうかもわからない。そんな中、最初に受けたのが、当時できたばかりの面白法人カヤックでした。

大瀧：当時、知名度も高くないカヤックの存在をよくご存じでしたね。

尾上：サイコロ給や旅する支社などの面白い取り組みを紹介した、カヤックCEO柳澤大輔さんの著書『面白法人カヤック会社案内』（プレジデント社）を読んで知りました。それで採用試験を受けてみたら合格。修士1年の年末だったかな。とても楽しい面接の連続でした。

　建築・デザイン系では丹青社や乃村工藝社を受けました。イラストブックと卒業制作でつくったあのパソコンの模型を面接に持参し、「平面も立体もつくれるし、ロジックもしっかり話せます」とアピールしたら受かりました。電通に行っていなかったら、自分は空間デザイナーになっていたかもしれません。最終面接で「君は二次元のほうが自由だね」と言われるくらい実は設計自体は上手ではないのですが…。

井本：確かに作品を手に、しっかり話せたら強いですね。

尾上：そして、せっかくだし大手広告会社も記念受験だと電通・博報堂・ADKを受けました。博報堂とADKはスカッと落ちました。エントリーシートの自由欄には得意の絵をびっしり書き込み、好きなCMに関する質問については、面接のフックになるようなことを考えました。万人受けする人気テレビCMについて語っても、そんな話をする学生は大勢いるだろうと思い、街づくりの研究と絡めて話ができそうなソニー「BRAVIA」のBALLSという海外の名作CMで一点突破。実際の面接で、「どうやったらBRAVIAは売れるか」を聞かれた時は焦りました。他には、看板広告の新たな視点のアイデアや探検部の部長である自身の経験などについて話し、内定をいただきました。取り繕うことは一切せずに話したのが良かったのかもしれません。電通の面接官の方とは話しやすく、相性を感じました。

　最終的にどこに行くか、ものすごく悩ましかったです。これまでやったことのないWebディレクターとして活躍しながら街づくりに参加するか。建築学科で培った技術をフルに活かして空間デザイナーになるか。電通は営業配属もありえるし、かなり博打（ばくち）。けれども博打のほうが面白そうと、電通を選びました。

**この商品はこうされたがっている、
という感覚がわかるようになった**

井本：博打を選ぶところが尾上さんらしい（笑）。入社してからは、どこの配属になったのですか？

尾上：最初はOOH（アウトオブホームズ：屋外広告）関連の部署だと思っていたら、1年目でCDC（クリエイティブ・デザイン・センター）に配属。ただ、半年後にCDCがいったん解体したため、デジタルビジネス局に6カ月間在籍。そこでは制作進行、プロデューサーの仕事をしていました。そして2年目でクリエイティブ試験に合格。希望し

ていたクリエイティブ職へ異動し、再編されたCDCに戻った形です。

井本: 転機はどこだったのでしょう?

尾上: CDCへの再配属です。そこでは、色々なすごい方の仕事を横目で見ることができました。企画の方法というよりは、マインドといいますか。こういう時は折れてはダメなんだとか、こうやって逆境を楽しむんだとか。もちろん、こういう考え方するのか!という企画の根っこを植えつけられたのも大きいです。視座の高さや人の気持ちの考え方。近い世代のクリエイターもいて、一緒によく話しました。あの仕事がいい、あれはよくないといったことです。とにかく日々勉強になり、苦しくもあり楽しかった。運がよかったと思います。ただ、企画案は通るようになりましたが、プレゼンでは全然案が通らない。今思えば、自分の"くせ"がまだわかっていなかったのです。広告の潮流に合わせ、当時話題のカッコいいデジタルキャンペーンをまねることばかりしていました。学生時代と同じです。

　恩人の存在も大きかったですね。当時営業だった、プランナーの諏訪徹さんです。「カルピス オアシス」の案件で、「君やってみない?」と声をかけてくださって。1年目でデジタルビジネス局のプロデューサーの立場だったにもかかわらず、全力投球で案出し

していたのを見て、「いいんじゃない」と覚えていてくださったようです。「カルピス オアシス」では、自分たちが本当に面白いと思う、ちょっとひねくれた施策が公開できて評判は上々。無理してまわりに合わせないでいいんだ、と学びました。最近では「この商品やブランドはこうされたがっているのでは」と思えるような仕事ができるようになってきました。歳を重ねるにつれ、ものごとの本質が見えてくるようになったからだと思います。商品やブランドと、自分が考えた企画が一体化して話題になる瞬間を味わうと、何物にも代えがたい幸せを感じますね。

勧めたがりの人にとって、広告業界は天職

井本: その感覚わかる! 尾上さんと一緒に仕事をするとすっと企画が入ってきて楽しい。ところで、どんな学生に来てほしいですか?

尾上: 一番は異常値がある人。なんかちょっとここが変だぞっていう。意外と本人は気づいてないことが多いのですが。その他には、自分の言語で話せるということも大事です。それっぽく理解するのでなく、全部自分の世界に置き換える。例えば自分の親が理解できるぐらいに物事を整理して説明できるか。あ

とは、ポジティブさや野心があるか、仮説検証の思想があるかなどなど。条件を挙げてみると、うっすらと自分が欲しいものを持っているタイプを求めているのかも。逆に僕はそんな独特ではないですし、ものごとをすぐ理解できないのが、入社当時は不安でした。でも、そこから色々な仕事を通じて学んだことが強みになっている気がします。どうとでもなるので、誰でも来てくだされば!

　あと、自分には昔から人にいいものをすすめるくせがあります。これ食えとかあれ読めとか…ウザがられますが。本能が広告的なのだなと。仕事と生理が合うと生きるのが楽だと思います。こういうタイプにとっては、広告業界が天職なのかもしれません。

大瀧: 最後に、学生の皆さんへメッセージをお願いします。

尾上: 広告の仕事はやればやるほど、あらゆることに対する理解が増えていき、どんどん人や物を愛せるようになる。それが魅力だと思っています。何事も知っていることに対しては優しくなりますよね。だから、ゆくゆくは、ものすごくいい人か、全てを愛しすぎて混乱している人のどちらかに行き着きそう(笑)。最終的に人間愛・地球愛につながっていく仕事って、広告以外にあるのかなと…。勝手な想像ですが、自分の死に際はめちゃくちゃ幸せなのでは、と考えています。

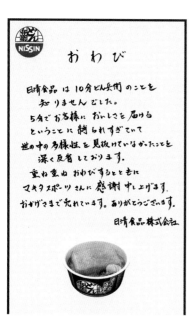

社会現象化した10分どん兵衛

ひよこちゃんをアクマにしたアクマのキムラー

電車広告を丸裸に。リラックマとカオルさん

エレファントカシマシの宮本浩次さんのソロプロジェクトのコンセプトワーク

こち亀の40周年&最終回キャンペーン
©秋本治・アトリエびーだま/集英社

編集長座談会

─ これからのクリエイター ─

『クリ活2〜アートディレクション・デザイン編〜』編集長の井本さん、『クリ活2〜プランニング・コピーライティング編〜』編集長の尾上さん、『クリ活2〜デジタルクリエイティブ編〜』編集長の大瀧さんと編集長3人が集い、座談会を実施しました。様々なクリエイターに会って感じたことから、これからの広告業界やクリエイティブ職はどうなるの？といった未来予想まで、語り合いました。

井本：取材をたくさんして、印象に残った人が多くいたと思います。大瀧さんどうでしたか？

大瀧：デジタルクリエイティブ編で取材した皆さん全て印象的でしたが、直近で取材させていただいたライゾマティクスの真鍋さんの一言が記憶に残っています。「次々に出てくるテクノロジーの新しさを追っていく中で疲れて立ち止まる瞬間ってありますか」と聞いたら、「そうならないように常に、自分が新人でいられる場所を持っておく」と答えてくれました。例えば日本だと第一人者扱いをされてしまうから、自分のことを知らない人も多い海外の展示会仕事にあえて身を置くそうです。そこでは新人としての作業もすることになる。新人の初心と緊張を常に持つことで、走り続けられると。僕らのように、ある程度仕事をしてきた人間にとってもすごく参考になる話でしたし、学生の皆さんにとっても勇気をもらう言葉なのではと思います。

尾上：プランニング・コピーライティング編では、ほとんど全員にトラウマがあるのが特徴的でしたね（笑）。過去にあった何か嫌なこと、学生時代パッとしなかったことを払拭するために、今頑張ってやっているという話が多かったです。

井本：アートディレクション・デザイン編も、本当に皆さん個性がバラバラで、全ての話が印象的でしたね。活躍されているアートディレクターの皆さんのお話はもちろん、特にロバートの秋山さんの企画方法を伺えたり、予備校時代の後輩でもある漫画家のかっぴーの話が聞けたのは、就活本としてはレアな人選で自分もワクワクしましたね（笑）。

大瀧：井本さんは2013年発刊の『クリ活1』から携わっていますよね。時代の変化なども含めて前回との違いはありましたか？

井本：1の時よりも、クリエイターの方々がどういうことを考えてモノづくりをしているか、どのような人生を経てセンスや感覚を形成したのかなど、就職活動以外にも突っ込んだ話を聞けたのは良かったですね。結局、一周回ってその話一つひとつが就活にも関わってきたりします。

単純に「アートディレクター」の幅も7年前と随分変わって広がった印象があります。ジャンルの違う色々な人に話が聞けたのはすごく良かったですね。学生の方々も幅広く参考になりそう。

特に時代の変化を感じたのは、Takramの田川さんやデザインシップの広野さんに出ていただいた点。クリエイターでありながらビジネスパーソン。新しい次元でアートを武器にしたクリエイターという感じでした。世の中の潮流も、アート思考がビジネスに入り込んでいく流れになってきているので、その先頭を走っている人の話を聞けたのは新鮮でした。

佐藤可士和さんも、前回に比べさらにビジネス領域にアップデートしていますね。アートディレクターが経営者と対等に話すためには、自分が独立して経営者の気持ちを理解することがコツ、みたいな話があり、興味深かったです。

尾上：TBWA\HAKUHODOに所属しながらNEWSという会社を立ち上げられた梅田さんも同じことを言っていました。自分で事業をやっている感覚がないと経営者と対等に話せない。今は事業を立ち上げるコストも下がってきているので、こういった人は増えるだろうと。自身で起業し体験したり学んだりしたことをお互いの業務に活かす、という考えみたいです。

　一方でブルーパドルの佐藤さんは、副業などがきっかけになってもっと色々なジャンルを越境するクリエイターが増えると、面白いことが起きるはずと話していました。アイデアは違うものがぶつかった時に生まれますし、『クリ活3』がもし今後発刊されるなら、農家や公務員などとの兼業クリエイターが誌面に並んでいるかもしれませんね。

井本：兼業クリエイター、面白いね。確かに別で1冊つくれそう！

大瀧：デジタルクリエイティブ編は転職している方が多く、その話を聞くのは新鮮でした。海外だと転職のペースは今回話を伺った方々の平均では3年から5年ほど。僕みたいに10年も同じ会社にいるのはレアということになりますね。

　現に、この本の原稿をまとめるタイミングで新しいフィールドに転職された方もいました。長年、R/GAのNY本社でNikeの「FuelBand」の開発をはじめとする多くのプロジェクトでクリエイティブテクノロジストとして活躍されてきた富永さんです。学生時代、ファッションとイラストの勉強をしていて、海外でジョブチェンジが当たり前な世界で働いていたら、いつの間に

かデザインもできるし、コーディングもできるようになって…今では色々と任されるようになったと。ソフトウェア開発の世界で用いられる「アジャイル（状況の変化に応じながらも俊敏な対応）」という言葉で話されていましたが、まさにアジャイルにキャリアアップをされていました。

尾上：広告業界は、応用が利く業界だという話は僕も聞きました。入社して最初に、とにかく様々なクライアントや仕事を担当するじゃないですか。あれもやってこれもやってと。普通だと一つのことを突き詰めていくもの。だから、そこで身についたものはその後どこに行っても役に立つ。就活時に何をやるか悩んだら、まずは広告業界でいいなんて話も。明確にやりたいことがないんだったら、ファーストキャリアとして適していると思います。

井本：飽きないですよね。僕はもう13年、新卒から電通だけど、一つの会社にいる感じがしない。

　広告業界の人たちも、自分からやりたいことを発信していく人が増えてきた気がします。そんな中で、全く違う業界にいる芸人のロバート秋山さんから話を聞いたのは面白かったです。まさに自分でゼロからアイデアを出す人。そういう人の話を聞いて、能動的なモノづくりのマインドを持つきっかけになればいいなと。あの人ほどのアイデアマンって、本当になかなかいないと思うし、クリエイターとして輝いている。

　ロバート秋山さんの話は独特で、ネタのつくり方が面白かった。小さい頃から「変な遊び」を考えることが好きらしいです。

そういう「遊びのストック」を、まずとにかく集める。それを番組の特性に合わせて3分に収めたり、コントにしたり、遊びのまま出したり。みんな、お題を出されて、「さ、考えなくちゃ」となるけど、それだと自分のやりたいことができない。まずは自分の好きなことを貯めることが大切だと話してくれました。

大瀧：デジタルクリエイティブ編にも通じますね。自分でつくることが好きな人がいっぱいいて、普段、自主制作やチーム内でのアイデアの種づくりをしていて、何かお題が来たら、それを仕事に取り込むぞ！という人が多かったです。3人ほど例を挙げます。まず、BIRDMANのCTOであるコバヤシタケルさんは「今、最も興味があるテクノロジーを持っておく」ことで、お題が来た時にパッと提案できるし実ることが多いと。さらに好きなことなので、より前のめりに仕事に取り組むことができると話してくれました。

　電通の保持さんは、Honda Internaviのチームで「こういうデータを使った表現があるよ」といった情報をメンバーの職域を超えてシェアし合いながら、みんな違う角度から考えを持ち寄って貯めておいた。そして、チャンスが来て、「Sound of Honda / Ayrton Senna 1989」で実ったそうです。

　WOWの森田さんも近い話をしていましたね。エンジニアチームを中心にSlackで使いたい技術や機器の情報をシェアし合っている。表現に使えそうなネタをみんなで出し合う。そして、それをクライアントワークやオリジナルワークに利用してしまう。

大瀧: 共通して、佐藤雅彦さん（編注：元電通のクリエイティブディレクター。現在は東京藝術大学で教鞭をとる）とユーフラテスチーム（編注：慶應義塾大学佐藤雅彦研究室の卒業生からなるクリエイティブグループ）が大事にしているという、「表現以前」を貯めていくという話に通じるなと思いました。今は表現をしていない学生でも、仮説をストックし、試したいと思う研究気質な人は、この仕事に向いているかもしれません。

尾上: 自分も面白いネタを見つけた時は共有したいタイプです。あの人だったらどんな反応をするかな？というのをうかがいたいからです。チームでも視座を揃えるために、仕事に関係するニュースをよく共有しています。

井本: みんなで情報を共有して高め合う。そういうことをどのチームでもできたらいいですね。

尾上: ポルトガルに美食の街として有名なサンセバスチャンという街があって。街中は星付きのレストランばかりなのです。理由はレシピを共有し合って、みんなで高め合って良い品を出しているからだそうです。まさにそういうチームができるといいですよね。

大瀧: デジタルの世界にも、ソースコードを公開して「自由に使ってね」というオープンソース文化があります。コラボレーションを促す土壌ができているのはすてきなところだなと。そういったプラットフォームや思想を広告業界にもインストールしていけたらいいなと思いますね。

尾上: 今後はデザインができて、プログラミングもでき、さらには、企画も考えられる。そんなハイブリッド人材が増えていくはずです。そんな人がアートにもデジタルにもプランニングにも進みたいけど迷っているとしたら、何を決め手に進む道を選べばいいのでしょうか？

大瀧: そういう人、これから増えそう。どんな領域でもハマる人。実際に、最近の若手社員もそういった人材が増えている印象があります。

Yoshiyuki Imoto

> どんどん各自が
> 領域侵犯し合っていくと、
> もっと面白くなっていきそうです。

井本: ハイブリッド人材は今後絶対的に需要がありそうですね。Takramの田川さんもそういう人がほしいと言っていました。ハイブリッドな人がどういう道に進むべきなのかは、結局その人が何を軸にしたいか、によると思います。肩書きをどうしたいか、みたいな。どうであれ、どこに入っても需要はあると思う。ポジションが2個以上ある人。

大瀧: 「越境」ですね。軸となる領域を持ちつつ、別の領域へ広げていく。
　デジタルクリエイティブ編では、会社の仕事と自分の制作活動を並行してやりたいという人もいました。例えば、アーティスト活動をしながら働きたいから、この業界が良いと思って入ったという人も。若

手の方々は特に、外での活動が回り回って本職でのクオリティーアップや他の人材との差別化につながっていると感じている人が多かったように思います。私自身も、「世界ゆるスポーツ協会」でのスポーツ制作が広告仕事にも活きているので、実感できました。

尾上: プランナーは個人で、制作活動している人は少なかったですね。仕事の幅がどんどん広がって、満足できているのかもしれない。プランナーはどこででも活躍できるジョーカーみたいなものだから。
　コピーライターの方々にも取材しました。コピーライターといっても、いわゆるコピーのみではなく、言葉を軸に、方向をまとめ、運動をつくっていく、企業のど真ん中の課

題を解決する人。コピーライターで今トップクリエイターになっている人は、みんなその技能を持っているように思えます。年齢を重ねるとコピーライターはやれることが増えるのだなと希望が湧きました。

大瀧: 課題やプロセスが複雑になってきた昨今、「あそこに向かうぞ」と示せる人が以前にも増して求められていますね。

尾上: あ、それ秋元康さんも言っていた。クリエイティブディレクターに必要な能力とは、全員が森に放り出された時に、「あっちだ」と自信を持って進んで行くこと。合っているかどうかではなく。自信がなくても歩く。間違っていたらその都度変える。そのほうが、結局出口を見つけるの

**普段では絶対出会わない面々が
チームを組むようになると面白いですね。**

が早いという話です。その道標となるのが、アート・デザインなのか、コード・テクノロジーなのか、言葉・企画なのか、そこで分かれるのだと思います。

井本：そういう意味ではアートディレクター出身のクリエイティブディレクターってまだまだ少ないんですよね。でも本当は尾上さんが言ったようにアート指標でクリエイティブディレクションはできるはず。佐藤可士和さんが最大の成功事例ですが。

onehappyの小杉さんも、ワンビジュアルでチームをグイッと引っ張れる人。クリエイティブディレクターとしての仕事もこれからどんどん増えそうに感じました。仕事の進め方も興味深くて、とにかくロゴやビジュアルをスピーディーにつくってチームに速攻で共有して、ビジュアルで会話する。その度にこまめにクライアントともやりとりして、クライアントを巻き込んで一緒にモノづくりする。そんな変則的な進め方みたいで。まあ小杉さんからしてみれば、これは数ある進め方の一例だとは思いますが。とはいえ、そのやり方はクライアントの意見も都度聞けるし、迷子にならない。そしてより一層強固なチー

ムになれる。小杉さんはコミュニケーション能力が超高いけど、そうではないアートディレクターも、ビジュアルで会話してクリエイティブディレクションしていく、という意味では、色々な人にとって参考になる気がしました。

大瀧：デジタルもそれに近いですね。プロトタイプをつくってしまって、さわり心地とか使い勝手とか、みんなで一緒に体験して、お互いにワイワイ言い合って高めていく。そして、それを制作チームだけでなくてクライアントも一緒になることでワンチームなモノづくりに発展させることが最大のポイントです。フラットに、全員仲間という感じが重要です。

井本：そういえば、デジタル畑の後輩Eが、試行錯誤こそが一番大事で、アイデアを出した人が一番偉いみたいな広告業界の文化はクソだって言っていた話がすごく好きで（笑）。一番時間のかかっているデザイン定着やプロトタイプ開発をしている人と、最初に企画した人が並列に評価されるような流れにしたいと。その話を聞いた時に、なんかすごくいいなと思いましたね。

大瀧：それはありますね。デジタルクリエイティブの特徴って、実装までにアイデアも技術もみんなで乗せまくっているから、最終的にはいい意味で誰のアイデアかわからなかったりします（笑）。チーム全員がそれぞれオンリーワンな武器を持って戦っているので、誰が偉いとかではなく、リスペクトし合っている文化だなと。メインボーカルがいるバンドというより、みんなで即興を楽しむジャズのセッションというイメージに近いかもしれないですね。

井本：チームで一つのことをつくり上げるっていいな、と思う。それが僕らの仕事の最高の喜びなのかもしれないですね。

尾上：実際こんな感じで話をしていて、アイデアって出てきたりしますしね。それがこの業界の醍醐味。この考え方、この仕事の仕方がもっと広まるといいですね。

そして『クリ活』を通して、普通では絶対出会わない経歴（各々の経歴はそれぞれのクリ活をチェック！）の面々が出会って、チームで何かを目指す。そんなことが起きると面白いですね。

**自分なりの武器で
「あそこに向かうぞ」を示せる人が、
より必要な時代だと思います。**

COMPANY
COMPANY
COMPANY
COMPANY
COMPANY

LIST
LIST
LIST
LIST

LIST
LIST
LIST
LIST
LIST

企業紹介

A List of Creative Companies

どこの会社がどんな広告をつくっているかわからない…。
ほとんどの方がそうだと思います。名前はそんなに知られ
ていなくても、すてきな作品をつくっている会社はたくさん
あります。そういった会社を皆さんに知っていただくきっかけ
となれば幸いです。

A LIST ... NIES

-Contac
-Charac
-Works

P102_P117

204 COMPANIES

KURI-KATSU 2
| 128 pages |

CREATIVE COMPANIES

PLANNING & COPYWRITING

KURIKATSU Second :
A Job Hunting Book for Creators

PLANNING & COPYWRITING KURIKATSU Second

COMPANY

ATSU 2 KURI

株式会社スコープ

address：〒102-0071 東京都千代田区富士見2丁目10番2号 飯田橋グラン・ブルーム28階
URL：www.scope-inc.co.jp/　mail：s-saiyo@scope-inc.co.jp　tel：03-3556-7613　fax：03-3556-7630

設立：1989年4月1日　資本金：3500万円
売上高：161億円（2020年3月期）　代表：横山 繁
社員数：241人（2020年4月現在）　平均年齢：41才
クリエイター数：81人（2020年4月現在）

スコープはセールスプロモーション(SP)を中心に企画・制作・運営を行う総合広告会社です。小売チェーンや商業施設、メーカー企業（食品・日用品・自動車）など、大手企業をクライアントに消費者に近い様々なプロモーションを提供しています。

アリオ スイッチだらけのゴールデンウィーク/
株式会社セブン＆アイ・クリエイトリンク/
インストア・プロモーションの企画・実施

WOWOW本社 WALLART/
株式会社WOWOW/
オフィスデザイン

Calbee 大収穫祭2018/
カルビー株式会社/
売場販促物・告知パッケージ制作・景品
製造・DM・告知動画・事務局運営など

株式会社伝創社

address：〒160-0023 東京都新宿区西新宿1-24-1 エステック情報ビル19F
URL：www.densosha.com/　mail：saiyo@densosha.com　tel：03-5381-2001　fax：03-5381-2002

設立：1978年　資本金：1億2000万円
代表：東 侯弥　社員数：23人　クリエイター数：5人

創立から40年、様々な業界・業種の企業広告・CI・ブランディングをはじめ、メディアプラン、商品広告・販促、Web、映像、イベント、広報活動などすべてを提供しています。お客様の利益に貢献することを第一に考え、実行する体制が構築されています。

三菱UFJ銀行/
WIREDタイアップ

アルプスアルパイン/広告デザイン

MTコスメティクス/sweetタイアップ広告

フェロールーム株式会社

address：〒160-0004 東京都新宿区四谷3-12 フロンティア四谷4F
URL：www.fellowroom.co.jp/　mail：info@fellowroom.co.jp　tel：03-3355-7110　fax：03-3355-7112

設立：1960年　資本金：2200万円
売上高：16億円（2019年8月決算）
代表：太田 哲史　平均年齢：38才
社員数：70人　クリエイター数：40人

自動車メーカー「SUBARU」の広告を中心に制作しています。マーケティングや商品カタログ、SP、PR誌、Webなど幅広く制作。代理店を通さないクライアントとの直取引。

SUBARU/商品カタログ「LEVORG」

SUBARU/ポスター「SUBARU XV」

SUBARU/PR誌「カートピア」

株式会社ダイナマイト・ブラザーズ・シンジケート

address：〒107-0062 東京都港区南青山2-24-15 青山タワービル14F15F
URL：d-b-s.co.jp　mail：saiyo@d-b-s.co.jp　tel：03-6804-5250　fax：03-3401-7144

設立：1999年　資本金：1000万円
代表：野口 孝仁　社員数：31人
クリエイター数：23人　平均年齢：32才

創業より「エル・ジャポン」「GQ japan」「Milk japon」「東京カレンダー」「FRaU」「美術手帖」などを手がける。現在では雑誌制作の発想やノウハウを活かし、企業ブランディング、商品開発や事業開発、Web制作など活躍の場を拡大。

大丸松坂屋百貨店　売り場開発

野村証券　アプリネーミング、ロゴ、VI開発

鶴屋吉信　商品開発/店舗開発

株式会社クラフトワールドワイド

address：〒107-0062 東京都港区南青山1-1-1 新青山ビル東館
URL：www.craftww.com/　mail：contact@mccannwg.co.jp　tel：03-5414-5651　fax：03-5414-5652

設立：2001年6月1日　資本金：1000万円
代表：嶋田 仁　社員数：40人
クリエイター数：20人　平均年齢：38才

米国マッキャンワールドグループ傘下の制作会社です。グローバルクライアントの日本での広告展開や、日系得意先の国内外広告制作など幅広い業務機会があります。アジアや欧米の同僚と制作プロジェクトを進めたり、グローバル業務を経験する機会も豊富です。

東レ株式会社/ブランディング広告

株式会社モスフードサービス/店頭広告

日の丸交通株式会社/リクルート広告（ポスター）

クリエイティブコミュニケイションズ株式会社レマン

address：〒150-0002 東京都渋谷区渋谷1-19-25
URL：www.cc-lesmains.co.jp/　mail：info@cc-lesmains.co.jp　tel：03-3407-1013　fax：03-3407-1598

設立：1978年　資本金：4800万円
代表：大橋 清一　社員数：104人
クリエイター数：91人　平均年齢：38.1才

「コミュニケイションを、お客様と共に考え、創造する」を理念に、独立したクリエイティブ・カンパニーとして活動。コピーライターは、戦略・コンセプトの策定から各種広告・販促ツールやWeb、動画などにおけるコピーライティングまで幅広い領域を担当しています。

SECOM　YouTube「守りたい」篇

ミサワホーム　CENTURY Stylepro
新聞広告

RICOH　PENTAX
ポスター

株式会社ステッチ

address:〒102-0083 東京都千代田区麹町3-3-8
URL:stitch.co.jp/　tel:03-3511-2777　fax:03-3511-2788

設立:1997年　資本金:1000万円 売上高:5億1000万円(2020年3月決算) 代表:細谷 洋平　社員数:49人 クリエイター数:21人　平均年齢:33.5才	Webサイト、広告、映像、デジタル施策などメディアの枠にとらわれずに企画・制作を行っています。

株式会社ルミネ/Webサイト　　スポーツジム ジェクサー/Webサイト　　2020年度グッドデザイン賞受賞
みまもりレシート

株式会社日本デザインセンター

address:〒104-0061 東京都中央区銀座4-9-13 銀座4丁目タワー
URL:www.ndc.co.jp/　mail:recruit@ndc.co.jp　tel:03-6264-0301　fax:03-6264-0309

設立:1959年12月26日　資本金:4500万円 売上高:57億362万円(2020年6月決算) 代表:原研哉　社員数:268人 クリエイター数:189人　平均年齢:41.1才	ものごとの本質を見極め、目に見えるかたちにする。日本デザインセンターは「VISUALIZE」という職能で、価値創造に貢献していく会社、クリエイターが生み出すクリエーションを資本とする会社です。

Muji掃除キャンペーン　　LINNE LENS　　Osaka Metro

株式会社ハウラー

address:〒107-0052 東京都港区赤坂2-8-11 第11赤坂葵ビル2F
URL:howrah.co.jp　mail:info@howrah.co.jp　tel:03-5797-7244　fax:03-5797-7245

設立:2002年　資本金:1000万円 代表:阿倍 克英　社員数:正社員6人/契約社員数4人 クリエイター数:6人　平均年齢:34才	教育関連を軸に、幅広いクリエイティブを展開。官公庁、地方自治体など公共機関の実績が多数あります。デザイナー、コピーライターともに戦略立案、創作アイデア起草まで、クリエイティブ全般に従事しています。

教育機関の広報プロモーション　　医療機関の広報プロモーション　　官公庁、地方自治体などの広報プロモーション

株式会社フラッグ

address：〒150-0011 東京都渋谷区東1-29-3 渋谷ブリッジ6F
URL：www.flag-pictures.co.jp/　mail：job@flag-pictures.co.jp　tel：03-5774-6398　fax：03-5468-5284

設立：2004年　資本金：2400万円 売上高：31.5億円(2019年9月決算) 代表：久保 浩章　社員数：202人 クリエイター数：159人　平均年齢：33.2才	プランニング×クリエイティブ×プロモーションで多様な課題を解決するデジタルエージェンシーです。オンラインコミュニケーションを強みとしたクリエイティブ事業・プロモーション事業、さらには映画配給宣伝事業・グローバル事業などを展開しています。

デジタルプロモーション全般/
Netflix/Web

Beauty of line
(BOVA2016準グランプリ・ADFEST2017
ブロンズ 受賞)/パイロットコーポレーション/Web

有田プロレスインターナショナル/
自社企画・製作/Amazon Prime Video

株式会社アクロバット

address：〒150-0002 東京都渋谷区渋谷1-4-12 富田ビル6F
URL：www.acrobat.co.jp　mail：info@acrobat.co.jp　tel：03-5464-3981　fax：03-5464-3982

設立：2000年　資本金：1010万円 売上高：3億6300万円(2020年1月決算) 代表：杉谷 一郎　社員数：25人 クリエイター数：24人　平均年齢：35才	マス広告を中心に、グラフィック・Web・動画をワンストップで展開する広告制作会社です。お客様は、広告代理店各社と直クライアント各社。多種多彩なクリエイティブを手がけています。

たなかいも/キービジュアル

ニューオークボ/
ポスター

マテリアプリマ/パッケージ

Desired Line Studio デザイアドライン株式会社

address：〒166-0003 東京都杉並区高円寺南4-7-13 第二久万乃ビル2階
URL：www.desiredline.jp　mail：info@desiredline.jp　tel：03-5913-7075

設立：2011年　資本金：500万円 売上高：6600万円(2020年7月時点) 代表：堤 謙太郎　社員数：5人 クリエイター数：5人　平均年齢：32才	和気あいあいとした雰囲気で、ベテランADにも気軽に相談ができ、ブラッシュアップしてもらえることで新入社員でもデザインが採用されやすいです。またクライアントとの直接取引が多いので、アイデアを提案できたりとデザイナーとして楽しめる事が多いです。

hierbas/ポスター

Expotion/パッケージ

TUFF VINYL/Webサイト・ロゴ作成

株式会社アクアリング

address：〒460-0008 愛知県名古屋市中区栄3丁目19-8 栄ミナミ平和ビル7F
URL：www.aquaring.co.jp　mail：recruit-info@aquaring.co.jp　tel：052-249-7700　fax：052-249-7750

設立：2000年　資本金：2500万円
代表：茂森 仙直　社員数：83人
クリエイター数：74人　平均年齢：35.3才

大手企業を中心に、デジタルを起点とした課題解決に欠かせないパートナーとして、コミュニケーション戦略やブランディング領域において、主に「UX/UIデザイン」「Web・デジタル領域の開発」によりクライアントを支援しています。

中部国際空港 セントレア/Webサイト

デンソー/Webサイト

日本財団「子どもサポートプロジェクト」/Webサイト

株式会社ジーピーオンライン

[大阪]address：〒530-0004 大阪府大阪市北区堂島浜2丁目2-28 堂島アクシスビル3F　tel：06-6343-9363　fax：06-6343-9364
[東京]address：〒150-0041 東京都渋谷区神南1-6-6 OZAWA BUILDING5F　tel：03-6416-0916　fax：03-6416-0917
URL：www.gpol.co.jp/ mail：recruit@gpol.co.jp

設立：2001年　資本金：4000万円
代表：豊永 豊　平均年齢：30.9才
社員数：70人　クリエイター数：15人

私たちジーピーオンラインは、今年創業20周年を迎えるWebの企画・制作会社です。大手の広告会社やメーカーとの取り引きが多く、企業のブランドサイトやプロモーションサイト、数万人の会員数を誇るWebサービスの開発など、多種多様なプロジェクトを手がけています。

Peach Aviation株式会社/採用サイト

HondaJet Japan/ブランドサイト

辻調グループ/学校案内サイト

株式会社スパイスボックス

address：〒106-0032 東京都港区六本木1-4-5 アークヒルズ サウスタワー17階 WeWork内
URL：www.spicebox.co.jp/　hr@spicebox.co.jp　tel：03-3583-5361　fax：03-3583-5362

設立：2003年　資本金：2億2143万円
代表：田村 栄治　社員数：79人
クリエイター数：13人　平均年齢：30.1才

ブランドと生活者のエンゲージメントを育むコミュニケーションカンパニー

清水建設/SNS企画「シミズ・ドリーム」

日清製粉グループ/
Web動画「おいしい共同生活」

NHK・民放ラジオ101局/
SNSキャンペーン「#このラジオがヤバい」

ゲンスラー・アンド・アソシエイツ・インターナショナル・リミテッド

総合デザイン
設計会社

address：〒107-0062 東京都港区南青山2-11-16 METLIFE青山ビル2F
URL：www.gensler.com/offices/tokyo　mail：career-tk@gensler.com　tel：03-6863-5300

設立：1993年　代表：日本における代表者
サラ・ベイダー　松下 千恵
社員数：90人（2020年6月現在）
クリエイター数：80人　平均年齢：38才

ゲンスラーは世界50か所で事業を展開する世界最大級のデザイン設計会社です。従来の
建築設計の枠を超え、コンサル、ブランディング、DXDなど、幅広い業務を提供。様々な
分野のエキスパートたちが集い、世界中の空間に新しい価値や感動を創り出しています。

Gensler Tokyo オフィス

Gensler Tokyo プロジェクト
(Accenture Innovation Hub)

Gensler Global プロジェクト
(Zhuhai Huace International Plaza)

株式会社アイ・アンド・キューアドバタイジング 〒460-0008 愛知県名古屋市中区栄3-17-15 エフエックスビル 5F・6F tel:052-251-1550 広告会社	**廣告社株式会社** 〒160-8441 東京都新宿区新宿3-1-24 京王新宿三丁目ビル 5F tel:03-3225-0061 広告会社
株式会社I&S BBDO 〒104-6038 東京都中央区晴海1-8-10 晴海トリトンスクエアX tel:03-6221-8585 広告会社	**コモンズ株式会社** 〒160-0002 東京都新宿区四谷坂町12-21 tel:03-5366-1930 広告会社
株式会社朝日広告社 〒104-8313 東京都中央区銀座7-16-12 G7ビル tel:03-3547-5400 広告会社	**The Breakthrough Company GO** 〒106-0032 東京都港区六本木3-17-10 ROPPONGI DUPLEX TOWER 2F 広告会社
イー・エム・シー株式会社 〒103-0027 東京都中央区日本橋2-13-10 日本橋サンライズビル 6F tel:03-3275-2333 広告会社	**株式会社CIRCUS** 〒106-0041 東京都港区麻布台1-5-9 55-1 麻布台ビル tel:03-6277-7418 広告会社
株式会社インフロント 〒103-0023 東京都中央区日本橋本町1-9-13 日本橋本町1丁目ビル 10F tel:03-6214-1100 広告会社	**株式会社三晃社** 〒460-0002 愛知県名古屋市中区丸の内3-20-9 tel:052-961-2211 広告会社
株式会社ADKホールディングス 〒105-6312 東京都港区虎ノ門1-23-1 虎ノ門ヒルズ森タワー tel:03-6830-3811 広告会社	**サントリーマーケティング&コマース株式会社** 〒104-6231 東京都中央区晴海1-8-12 晴海アイランドトリトンスクエアオフィスタワーZ 31F tel:03-3533-8911 広告会社
株式会社エヌケービー 〒100-0006 東京都千代田区有楽町1-1-3 東京宝塚ビル tel:03-3504-2100 広告会社	**JR九州エージェンシー株式会社** 〒812-0011 福岡県福岡市博多区博多駅前3-2-1 日本生命博多駅前ビル 3F tel:092-481-5890 広告会社
エム・エム・エス・コミュニケーションズ株式会社 〒160-0016 東京都新宿区信濃町35 信濃町煉瓦館 4F tel:03-5361-2750 広告会社	**株式会社ジェイアール東海エージェンシー** 〒108-0075 東京都港区港南2-1-95 JR東海品川ビルB棟 7F tel:03-6688-5018 広告会社
株式会社クオラス 〒141-6007 東京都品川区大崎2-1-1 ThinkParkTower 7F tel:03-5487-5001 広告会社	**株式会社JR西日本コミュニケーションズ** 〒530-0003 大阪府大阪市北区堂島1-6-20 堂島アバンザ 8F tel:06-6344-5138 広告会社
株式会社グレイワールドワイド 〒150-0013 東京都渋谷区恵比寿1-23-23 恵比寿スクエア 7F tel:03-5423-1712 広告会社	**株式会社ジェイアール東日本企画** 〒150-8508 東京都渋谷区恵比寿南1-5-5 JR恵比寿ビル tel:03-5447-7800 広告会社
株式会社京王エージェンシー 〒163-0867 東京都新宿区西新宿2-4-1 新宿NSビル 23F tel:03-3348-8610 広告会社	**株式会社JTBコミュニケーションデザイン** 〒105-8335 東京都港区芝3-23-1 セレスティン芝三井ビルディング 12・13F tel:03-5657-0600 広告会社
株式会社ケー・アンド・エル 〒102-0083 東京都千代田区麹町4-8 麹町クリスタルシティ東館 8F tel:03-3263-2996 広告会社	**株式会社真和** 〒110-0005 東京都台東区上野5-15-14 ONEST上野御徒町ビル tel:03-3831-7717 広告会社

株式会社ストリームス 〒112-0014 東京都文京区関口1-23-6 プラザ江戸川橋 310 tel:03-5227-5561　　広告会社	**株式会社電通沖縄** 〒900-0015 沖縄県那覇市久茂地3-21-1 國場ビルディング 12F tel:098-862-0012　　広告会社
セーラー広告株式会社 〒760-8502 香川県高松市扇町2-7-20 tel:087-823-1155　　広告会社	**株式会社電通東日本** 〒105-0004 東京都港区新橋4-21-3 新橋東急ビル tel:03-5402-9555　　広告会社
株式会社ソニー・ミュージックソリューションズ 〒107-6214 東京都港区赤坂9-7-1 ミッドタウンタワー tel:03-5786-8952　　広告会社	**株式会社東急エージェンシー** 〒107-8417 東京都港区赤坂4-8-18 tel:03-3404-5321　　広告会社
株式会社大広/大広WEDO 〒530-8263 大阪府大阪市北区中之島2-2-7 tel:06-7174-8111　　広告会社	**トヨタ・コニック・プロ株式会社** 〒101-8343 東京都千代田区神田淡路町2-101 ワテラスタワー 9F tel:03-6457-8203　　広告会社
株式会社大広九州 〒810-0001 福岡県福岡市中央区天神1-4-2 エルガーラ 11F tel:092-762-7600　　広告会社	**株式会社西鉄エージェンシー** 〒810-0074 福岡県福岡市中央区大手門2-1-10 西鉄大手門ビル 2F tel:092-781-1161　　広告会社
株式会社大広北陸 〒930-0002 富山県富山市新富町1-1-12 明治安田生命富山駅前ビル tel:076-431-8514　　広告会社	**株式会社日宣** 〒101-0048 東京都千代田区神田司町2-6-5 日宣神田第2ビル tel:03-5209-7222　　広告会社
株式会社中央アド新社 〒103-0027 東京都中央区日本橋1-2-5 栄太楼ビル 9F tel:03-3242-1171　　広告会社	**株式会社日本SPセンター** 〒150-0011 東京都渋谷区東1-26-20 東京建物東渋谷ビル 5F tel:03-6688-7860　　広告会社
株式会社中日BB 〒460-0008 愛知県名古屋市中区栄2-11-30 セントラルビル 5F tel:052-218-3332　　広告会社	**株式会社日本経済広告社** 〒101-8323 東京都千代田区神田小川町2-10 tel:03-5282-8000　　広告会社
株式会社TBWA HAKUHODO 〒105-0023 東京都港区芝浦1-13-10 第三東運ビル tel:03-5446-7200　　広告会社	**株式会社日本経済社** 〒104-8176 東京都中央区銀座7-13-20 tel:03-5550-0732　　広告会社
テレ・プランニング・インターナショナル株式会社 〒102-0094 東京都千代田区紀尾井町4-3 泉館紀尾井町 5F tel:03-3261-3000　　広告会社	**株式会社博報堂** 〒107-6322 東京都港区赤坂5-3-1 赤坂Bizタワー tel:03-6441-8111　　広告会社
株式会社電通 〒105-7001 東京都港区東新橋1-8-1 電通ビル tel:03-6216-5111　　広告会社	**株式会社BBDO JAPAN** 〒104-6038 東京都中央区晴海1-8-10 晴海トリトンスクエアX 40F tel:03-6221-8040　　広告会社
株式会社電通アドギア 〒104-0061 東京都中央区銀座8-21-1 住友不動産汐留離宮ビル tel:03-5565-5510　　広告会社	**株式会社プラナクリエイティブ** 〒812-0013 福岡県福岡市博多区博多駅東3-5-15 2F tel:092-452-8560　　広告会社

株式会社プランクトンR

〒150-0041 東京都渋谷区神南1-5-13 ルート神南ビル 7F
tel:03-6416-4822

広告会社

I&CO Tokyo

〒150-0033 東京都渋谷区猿楽町17-10 代官山アートビレッジ 3F
TOKO

クリエイティブ
エージェンシー

株式会社ホープ

〒810-0022 福岡県福岡市中央区薬院1-14-5 MG薬院ビル 7F
tel:092-716-1404

広告会社

株式会社アンティー・ファクトリー

〒150-0036 東京都渋谷区南平台町17-13 ヴァンヴェール南平台 2F
tel:03-6809-0218

クリエイティブ
エージェンシー

株式会社北陸博報堂

〒920-0919 石川県金沢市南町4-1 金沢ニューグランドビル
tel:076-222-5121

広告会社

株式会社ium

〒151-0053 東京都渋谷区代々木5-66-6 ライムオフィスビル 2F/3F

クリエイティブ
エージェンシー

株式会社ホンダコムテック

〒351-0188 埼玉県和光市本町8-1
tel:048-452-5900

広告会社

株式会社インパクトたき

〒450-0002 愛知県名古屋市中村区名駅4-2-28 名古屋第二埼玉ビル
2F tel:052-583-1666

クリエイティブ
エージェンシー

株式会社マスタープログレス

〒107-0062 東京都港区南青山6-8-18 P's南青山ビルディング 4F
tel:03-6418-1052

広告会社

株式会社エードット

〒150-0046 東京都渋谷区松濤1-5-3
tel:03-6865-1320

クリエイティブ
エージェンシー

マルエトーワ株式会社

〒542-0081 大阪府大阪市中央区南船場4-2-4 日本生命御堂筋
ビル 5F tel:06-6243-5600

広告会社

株式会社EPOCH

〒150-0012 東京都渋谷区広尾1-5-8
tel:03-5778-4367

クリエイティブ
エージェンシー

株式会社明治アドエージェンシー

〒151-0063 東京都渋谷区富ヶ谷1-5-1
tel:03-3469-2131

広告会社

株式会社ENJIN

〒154-0004 東京都世田谷区太子堂4-1-1 キャロットタワー
tel:03-5787-0061

クリエイティブ
エージェンシー

株式会社メトロ アド エージェンシー

〒105-0003 東京都港区西新橋1-6-21 NBF虎ノ門ビル
tel:03-5501-7831

広告会社

株式会社kiCk

〒107-0052 東京都港区赤坂8-5-32 TanakaKoma Bldg. 6F
tel:03-6434-7217

クリエイティブ
エージェンシー

株式会社横浜メディアアド

〒221-0052 神奈川県横浜市神奈川区栄町5-1 横浜クリエーション
スクエア 4・5F tel:045-450-1815

広告会社

株式会社Que

〒106-0032 東京都港区六本木 4-1-25 R4
tel:03-6277-7945

クリエイティブ
エージェンシー

株式会社ライツアパートメント

〒108-0073 東京都港区三田1-4-1 住友不動産麻布十番ビル 4F
tel:03-5444-6606

広告会社

株式会社Creative Project Base

〒105-0021 東京都港区東新橋5-9-4

クリエイティブ
エージェンシー

りえぞん企画株式会社

〒101-0054 東京都千代田区神田錦町3-15 NTF竹橋ビル 4F
tel:03-3282-9614

広告会社

株式会社THE GUILD

〒107-0062 東京都港区南青山6-11-9 VILLA SK 4F

クリエイティブ
エージェンシー

株式会社ワイデン+ケネディ トウキョウ

〒153-0051 東京都目黒区上目黒1-7-13
tel:03-5459-2800

広告会社

株式会社THE GUILD STUDIO

〒151-0053 東京都渋谷区代々木5-66-6 ライムオフィスビル 2F/3F

クリエイティブ
エージェンシー

株式会社SIX
クリエイティブエージェンシー

〒107-0062 東京都港区南青山6-3-16 A-FLAG美術館通り 2F
tel:03-3406-5266

株式会社れもんらいふ
クリエイティブエージェンシー

〒150-0002 東京都渋谷区渋谷3-25-10 小池ビル 2F
tel:03-6418-9301

Studio Kawashima
クリエイティブエージェンシー

〒153-0051 東京都目黒区上目黒1-13-14 Reve中目黒 2F
tel:03-6264-6771

Whatever
クリエイティブエージェンシー

〒106-0032 東京都港区六本木7-2-8 WHEREVER 7F
tel:03-6427-6022

株式会社大伸社
クリエイティブエージェンシー

〒542-0076 大阪府大阪市中央区難波5-1-60 なんばスカイオ 17F
tel:06-6976-5550

アウル株式会社
PRエージェンシー

〒107-0052 東京都港区赤坂1-7-1 赤坂榎坂ビル 5F
tel:03-5545-3888

株式会社Takram
クリエイティブエージェンシー

〒150-0001 東京都渋谷区神宮前5-7-4 穂田今泉ビル
tel:03-5962-7733

株式会社アクティオ
PRエージェンシー

〒151-0051 東京都渋谷区千駄ヶ谷3-13-7 原宿OMビル 3F
tel:03-5771-6426

CHOCOLATE
クリエイティブエージェンシー

〒150-0001 東京都渋谷区神宮前5-46-12 CHOCOLATE STUDIO

株式会社井之上パブリックリレーションズ
PRエージェンシー

〒160-0004 東京都新宿区四谷4-28-4 YKBエンサインビル 12F
tel:03-5269-2301

株式会社トリプルセブン・クリエイティブストラテジーズ
クリエイティブエージェンシー

〒151-0063 東京都渋谷区富ヶ谷1-49-21-1708
tel:03-5738-7765

Edelman Japan株式会社
PRエージェンシー

〒106-6010 東京都港区六本木1-6-1 泉ガーデンタワー 10F
tel:03-4360-9000

株式会社パーク
クリエイティブエージェンシー

〒107-0061 東京都港区北青山3-10-6 第二秋月ビル 4F
tel:03-6883-3172

株式会社オズマピーアール
PRエージェンシー

〒102-0094 東京都千代田区紀尾井町3-23 文藝春秋 新館
tel:03-4531-0229

PARTY
クリエイティブエージェンシー

〒150-0033 東京都渋谷区猿楽町17-10 代官山アートビレッジ 3F
TOKO

株式会社カーツメディアコミュニケーション
PRエージェンシー

〒105-6029 東京都港区虎ノ門4-3-1 城山トラストタワー 29F
tel:03-6427-1627

株式会社博報堂ケトル
クリエイティブエージェンシー

〒107-6322 東京都港区赤坂5-3-1 赤坂Bizタワー
tel:03-6441-4501

共同ピーアール株式会社
PRエージェンシー

〒104-8158 東京都中央区銀座7-2-22 同和ビル
tel:03-6452-5220

株式会社ブルーパドル
クリエイティブエージェンシー

〒158-0094 東京都世田谷区玉川2-21-1 二子玉川ライズ・オフィス
8F カタリストBA

株式会社Clover PR
PRエージェンシー

〒150-0043 東京都渋谷区道玄坂2-10-7 新大宗ビル 14F
tel:03-6452-5220

株式会社マスクマン
クリエイティブエージェンシー

〒106-0032 東京都港区六本木5-18-23 INACビル 3F
tel:03-6869-1370

株式会社ジェイアンドティプランニング
PRエージェンシー

〒150-0022 東京都渋谷区恵比寿南1-2-9 小林ビル 4F
tel:03-5768-7339

株式会社monopo
クリエイティブエージェンシー

〒150-0001 東京都渋谷区神宮前5-6-5 Path表参道 A棟 3F
tel:03-3400-6996

株式会社スキュー
PRエージェンシー

〒107-0062 東京都港区南青山6-12-10 ユニティ 501
tel:03-6450-5457

株式会社TMオフィス	PR エージェンシー
〒541-0046 大阪府大阪市中央区平野町4-7-7 平野町イシカワビル 8F tel:06-6231-4426	

株式会社マテリアル	PR エージェンシー
〒107-6035 東京都港区赤坂1-12-32 アーク森ビル 35F tel:03-5459-5490	

株式会社電通パブリックリレーションズ	PR エージェンシー
〒105-7135 東京都港区東新橋1-5-2 汐留シティセンター 35F tel:03-6263-9000	

株式会社MOPS	PR エージェンシー
〒105-0012 東京都港区芝大門2-6-4 芝大門笹野ビル 5F tel:03-6452-9191	

株式会社トレイントラックス	PR エージェンシー
〒151-0063 東京都渋谷区富ヶ谷1-41-7 クリサンテ 1002 tel:03-5738-4177	

株式会社ラ・クレタ	PR エージェンシー
〒150-0031 東京都渋谷区桜丘町31-14 岡三桜丘ビル SLACK SHIBUYA 7F　tel:050-4560-2425	

株式会社ヌーヴェル・ヴァーグ	PR エージェンシー
〒150-0022 東京都渋谷区恵比寿南3-7-5 東光苑マンション 502 tel:03-5722-1418	

株式会社アイドマ マーケティング コミュニケーション	SPエージェンシー・イベント 制作会社
〒931-8313 富山県富山市豊田町1-3-31 tel:076-439-7878	

株式会社ネタもと	PR エージェンシー
〒107-0061 東京都港区北青山2-12-16 北青山吉川ビル 4F tel:03-3401-7777	

市川甚商事株式会社	SPエージェンシー・イベント 制作会社
〒600-8078 京都府京都市下京区松原通堺町東入杉屋町287 tel:075-351-0361	

株式会社バーソン・コーン＆ウルフ・ジャパン	PR エージェンシー
〒102-0083 東京都千代田区麹町4-1 麹町ダイヤモンドビル 5F tel:03-3264-6701	

株式会社イデイ	SPエージェンシー・イベント 制作会社
〒540-0004 大阪府大阪市中央区玉造1-23-3 tel:06-6768-7431	

株式会社PA Communication	PR エージェンシー
〒150-0001 東京都渋谷区神宮前5-7-20 神宮前太田ビル 6F tel:03-5464-7366	

株式会社インター・ビジネス・ネットワークス	SPエージェンシー・イベント 制作会社
〒107-0062 東京都港区南青山5-12-6 青山第2和田ビル 6F tel:03-4335-9600	

ひとしずく株式会社	PR エージェンシー
〒231-0003 神奈川県横浜市中区北仲通3-33 tel:045-550-4141	

株式会社エスピーエスエス	SPエージェンシー・イベント 制作会社
〒102-0093 東京都千代田区平河町2-16-9 永田町グラスゲート 5F tel:03-6825-8301	

株式会社プラップジャパン	PR エージェンシー
〒107-6033 東京都港区赤坂1-12-32 アーク森ビル 33F tel:03-4580-9111	

株式会社協同制作	SPエージェンシー・イベント 制作会社
〒104-0042 東京都中央区入船2-5-7 tel:03-3555-2501	

プランニング・ボート株式会社	PR エージェンシー
〒550-0015 大阪府大阪市西区南堀江2-13-30 サンイーストビル 702 tel:06-4391-7156	

株式会社クレオ	SPエージェンシー・イベント 制作会社
〒100-0005 東京都千代田区丸の内2-5-1 丸の内二丁目ビル 5F tel:03-4213-2223	

株式会社プレッセ	PR エージェンシー
〒107-0062 東京都港区南青山2-28-8 坂巻ビル 4F tel:03-6231-7501	

グローブマーケティング株式会社	SPエージェンシー・イベント 制作会社
〒102-0083 東京都千代田区麹町3-2 麹町共同ビル 4F tel:03-6380-8851	

ホフマンジャパン株式会社	PR エージェンシー
〒104-0031 東京都中央区京橋2-7-14 ビュレックス京橋 401 tel:03-5159-5750	

株式会社SUM	SPエージェンシー・イベント 制作会社
〒107-0061 東京都港区北青山2-12-15 G-FRONT青山 7F tel:03-6434-9333	

株式会社三扇堂
〒150-0034 東京都渋谷区代官山町16-2 代官山フロント 301
tel:03-6427-8577

株式会社ビックス
〒190-0011 東京都立川市高松町3-14-13 BICS BLD.
tel:042-521-3329

株式会社ジーエークロッシング
〒650-0047 兵庫県神戸市中央区港島南町1-3-5 PIX.BLDG
tel:078-303-8118

株式会社ヒロモリ
〒108-0075 東京都港区港南2-12-32 SOUTHPORT品川 6F
tel:03-6890-1620

株式会社CDG
〒100-0006 東京都千代田区有楽町1-1-3 東京宝塚ビル 13F・18F
tel:03-6858-3910

株式会社マーシャルジャパン
〒106-0047 東京都港区南麻布1-6-36 南麻布Aビル 7F
tel:03-5418-6868

株式会社ジャパンコミュニケーションズインスティテュート
〒108-0023 東京都港区芝浦3-8-10 MA芝浦ビル 4F
tel:03-5443-3123

マリヤ画材株式会社
〒536-0022 大阪府大阪市城東区永田3-9-16
tel:06-6962-8888

株式会社チューキョーP&G
〒500-8286 岐阜県岐阜市西鶉2-35-2
tel:058-275-5211

株式会社レッグス
〒107-0062 東京都港区南青山2-26-1 D-LIFEPLACE 南青山 11・12F   tel:03-3408-3090

株式会社ディレクタス
〒141-0031 東京都品川区西五反田8-1-5 五反田光和ビル 7F
tel:03-5719-7090

株式会社IDR
〒107-0061 東京都港区北青山2-10-28リヘイビル 2F
tel:03-5770-4769

株式会社テー・オー・ダブリュー
〒105-0001 東京都港区虎ノ門4-3-13 ヒューリック神谷町ビル 3F
tel:03-5777-1888

株式会社ITPコミュニケーションズ
〒101-0021 東京都千代田区外神田2-18-2
tel:03-5298-6578

株式会社電産企画
〒550-0012 大阪府大阪市西区立売堀1-14-20 アニックスビル 6F
tel:06-6533-6266

AOI TYO Holdings株式会社
〒141-8580 東京都品川区大崎1-5-1 大崎センタービル 5F
tel:03-6893-5005

株式会社ドリームズファクトリー
〒810-0031 福岡県福岡市中央区谷1-12-7 1F
tel:092-707-0691

株式会社揚羽
〒104-0032 東京都中央区八丁堀2-12-7 ユニデンビル 3F
tel:03-6280-3336

株式会社日広社
〒104-0061 東京都中央区銀座1-14-10 松楠ビル 3F
tel:03-3567-7111

株式会社アバランチ
〒550-0003 大阪府大阪市西区京町堀1-4-22 肥後橋プラザビル 7F
tel:06-6479-2401

株式会社バウコミュニケーションズ
〒550-0003 大阪府大阪市西区京町堀1-6-10
tel:06-6446-1700

株式会社ウィルコミュニケーションデザイン研究所
〒550-0014 大阪府大阪市西区北堀江1-3-24 ルイール北堀江Bldg 3F
tel:06-6537-1901

株式会社パルディア
〒104-0061 東京都中央区銀座3-15-10 菱進銀座イーストミラービル 8F   tel:03-6838-9731

株式会社ヴェリー
〒550-0002 大阪府大阪市西区江戸堀1-10-8 パシフィックマークス肥後橋 5F   tel:06-6225-5371

株式会社オサマジョール 〒105-0003 東京都港区西新橋3-13-3 ユニゾ西新橋三丁目ビル 2F tel:03-6432-4572	総合制作会社
大日本印刷株式会社 〒162-0062 東京都新宿区市谷加賀町1-1-1 tel:03-3266-2111	総合制作会社
株式会社カルタクリエイティブ 〒550-0002 大阪府大阪市西区江戸堀1-23-14 新坂ビル030 tel:06-6479-0515	総合制作会社
株式会社たきC1 〒450-0002 愛知県名古屋市中村区名駅4-10-25 名駅IMAIビル 4F tel:052-265-7070	総合制作会社
株式会社クリエイターズグループMAC 〒107-0052 東京都港区赤坂3-3-5 住友生命山王ビル 2F tel:03-3588-8311	総合制作会社
株式会社テイ・デイ・エス 〒162-0814 東京都新宿区新小川町8-30 山京ビル 2F	総合制作会社
株式会社光風企画 〒460-0017 愛知県名古屋市中区松原2-21-28 tel:052-322-4011	総合制作会社
株式会社T's apro 〒150-0001 東京都渋谷区神宮前4-19-8 tel:03-6721-1894	総合制作会社
コミュノグラフ株式会社 〒930-0066 富山県富山市千石町2-3-16 tel:076-464-5505	総合制作会社
株式会社T3デザイン 〒150-0002 東京都渋谷区渋谷3-28-13 渋谷新南口ビル 8F tel:03-5468-9413	総合制作会社
株式会社Jストリーム 〒105-0014 東京都港区芝2-5-6 芝256スクエアビル 6F tel:03-5765-7000	総合制作会社
株式会社デジタル・アド・サービス 〒110-0008 東京都台東区池之端1-2-18 いちご池之端ビル 4F tel:03-5832-5588	総合制作会社
株式会社ジャパン・アド・クリエイターズ 〒559-0034 大阪府大阪市住之江区南港北2-1-10 ATCビル ITM棟 10F tel:06-4703-6000	総合制作会社
株式会社電通クリエーティブX（クロス） 〒105-0021 東京都港区東新橋1-2-5 tel:03-6264-6800	総合制作会社
株式会社16bit. 〒160-0022 東京都新宿区新宿5-12-15 KATOビル 2F tel:03-5341-4963	総合制作会社
株式会社電通テック 〒100-8508 東京都千代田区内幸町1-5-3 新幸橋ビル tel:03-6257-8000	総合制作会社
株式会社ジュニ 〒160-0022 東京都新宿区新宿1-20-13 花園公園ビル 9F tel:03-5925-8445	総合制作会社
株式会社東京アドデザイナース 〒102-0075 東京都千代田区三番町1 KY三番町ビル 5F tel:03-3262-3894	総合制作会社
株式会社スパイス 〒107-0052 東京都港区赤坂2-17-46 グローヴビル tel:03-5549-6130	総合制作会社
株式会社ドリームホールディングス 〒108-0074 東京都港区高輪3-4-13 第二高輪借成ビル 5F tel:03-6441-2266	総合制作会社
株式会社スリーライト 〒103-0005 東京都中央区日本橋久松町5-6 tel:03-5640-5430	総合制作会社
株式会社ナイスウェーブ 〒460-0008 愛知県名古屋市中区栄2-9-5 アーク栄東海ビル 10F tel:052-253-5919	総合制作会社
株式会社セガナ・クリエイティブ 〒160-0023 東京都新宿区西新宿8-14-24 西新宿KFビル710号 tel:03-6908-5720	総合制作会社
株式会社BYTHREE 〒550-0003 大阪府大阪市西区京町堀1-13-23 岡崎ビル 1F奥 tel:06-6147-7394	総合制作会社

有限会社バウ広告事務所	総合 制作会社
〒106-0032 東京都港区六本木3-16-35 イースト六本木ビル 4F tel:03-3568-6711	

株式会社ストライプス	CM・映像・ Web動画 制作会社
〒105-0003 東京都港区西新橋2-23-1 3東洋海事ビル 9F tel:03-6435-7777	

株式会社パズル	総合 制作会社
〒105-0004 東京都港区新橋5-27-1 パークプレイスビル 5F tel:03-3436-3255	

太陽企画株式会社	CM・映像・ Web動画 制作会社
〒105-0004 東京都港区新橋5-21-1 tel:03-3436-3251	

株式会社ビーワークス	総合 制作会社
〒108-0074 東京都港区高輪1-3-13 NBF高輪ビル 9F tel:03-6859-0100	

株式会社ダンスノットアクト	CM・映像・ Web動画 制作会社
〒106-0045 東京都港区麻布十番3-9-7 tel:03-5418-7755	

株式会社広瀬企画	総合 制作会社
〒460-0007 愛知県名古屋市中区新栄2-1-9 雲竜フレックスビル 西館 15F tel:052-265-7860	

株式会社ティーアンドイー	CM・映像・ Web動画 制作会社
〒810-0005 福岡県福岡市中央区清川 2-12-6 tel:092-524-1811	

株式会社ブラン	総合 制作会社
〒100-0011 東京都千代田区内幸町2-1-1 飯野ビルディング 9F クロスオフィス日比谷 tel:03-5782-8031	

Development合同会社	CM・映像・ Web動画 制作会社
〒150-0012 東京都渋谷区広尾2-14-27 PANGEA TOKYO 2F tel:03-4540-4341	

株式会社未来舎	総合 制作会社
〒541-0056 大阪府大阪市 中央区南本町2-2-3 堺筋ビル 8F tel:06-6261-4606	

株式会社東北新社	CM・映像・ Web動画 制作会社
〒107-8460 東京都港区赤坂4-8-10 tel:03-5414-0211	

株式会社YUIDEA	総合 制作会社
〒112-0006 東京都文京区小日向4-5-16 ツインヒルズ茗荷谷 tel:03-6902-2001	

株式会社ピクス (P.I.C.S.)	CM・映像・ Web動画 制作会社
〒150-0022 東京都渋谷区恵比寿南3-9-19 サイシンビル tel:03-3791-8855	

日本ビジネスアート株式会社	総合 制作会社
〒541-0052 大阪府大阪市中央区安土町2-3-13 大阪国際ビル ディング 15F tel:06-6261-1010	

ワウ株式会社	CM・映像・ Web動画 制作会社
〒150-0041 東京都渋谷区神南1-14-3 tel:03-5459-1100	

石川テレビ企業株式会社	CM・映像・ Web動画 制作会社
〒920-0352 石川県金沢市観音堂町チ18 tel:076-266-1200	

株式会社エンジンフイルム	CM・映像・ Web動画 制作会社
〒150-0012 東京都渋谷区広尾5-19-9 広尾ONビル tel:03-3444-0147	

株式会社キュー	CM・映像・ Web動画 制作会社
〒460-0007 愛知県名古屋市中区新栄 2-13-10 tel:052-249-9919	

株式会社シーピーエス	CM・映像・ Web動画 制作会社
〒430-0929 静岡県浜松市中区中央1-16-9 4F tel:053-450-8685	

あとがき

2020年5月29日。
緊急事態宣言解除から4日後の緊張感ある空気の中、
森永ピノの仕事を一緒にやっているアートディレクター井本さんから突然連絡がきました。
今日ってどっかで話せる? とZoomのリンクが。
これは、何か問題が発生したのか…と緊張して入ると
なんとクリ活リニューアルの相談でした。

自分が就職活動をしたのは10年以上も前のこと。
思い返すうちに、不安に満ちた当時の記憶がよみがえってきました。
そんな不安を払拭する一助になればと、
怒涛のインタビューをさせていただきました。
結果、一番トクをしたのは僕かもしれません(笑)。

コロナ禍において、広告の価値ってなんなんだろうか? とよく考えました。
不要不急なものはいらない。広告は不要不急なのでは。
もんもんとしている中でのインタビューで、徐々にもやが晴れていきました。

広告、ひいては、広告で培っているアイデアと実践の技術は、
間違いなく社会を良くしていくものなのだなと思い返しました。

国全体を元気にすることができる。
企業による社会のための活動を広めることができる。
投票率を上げることができる。
誰もが好きなことをする世界をつくることができる。
商店街を復活させることができる。
滅びそうな食堂を人気店にすることができる。
スポーツができない人を救うことができる。
映画をつくることができる。
そして、忘れてはならない広告の基本のきの字、
人を楽しませることができる。

広告は、景色でもあります。
紀元前から店の前での売り込みや、壁を使った広告などがあったらしいです。

それくらい当たり前のものとして
街の賑わいをつくっているものだったりする。
なくてもいいかもしれないけど、
あるとちょっと豊かな気持ちになれる。

また、広告は善意の手助けだという話もあります。
いいものができたら使ってほしい、食べてほしい、
そういった善意をみんなに届けるための技術。
そういう気持ちはどの時代でもどの場所でもなくならないものです。

人によって捉え方が変わり、
可能性も人によって違う広告の仕事。
あなたにはあなただけが切り拓ける広告があるはず。
今この本を読んでいるあなたにとって、
この仕事が面白いものであることを願っています。
ちなみに、僕は最高に面白いと思っています。

最後に。

お忙しい中、インタビューに付き合っていただいた皆さん。
何度も何度も打ち合わせをさせていただいた
アートディレクション・デザイン編の編集長の井本さんと
デジタルクリエイティブ編の編集長の大瀧くん。
そして、マスナビBOOKS編集部の皆さん。

本当に本当に、ありがとうございました！
本って、こんなにつくるの大変だったんですね。
本屋にいくたびに全ての本をリスペクトするようになりました。

先人の仕事と、
今もなお良い仕事を生み出そうとしている全ての人へのリスペクトも込めて。
この本が、学生の皆さんの未来の一つのきっかけになることを願います。

（P53の続き）当時のエントリーシートです。恥ずかしくてしょうがないですが、爆笑問題の太田さんも恥をかく覚悟が必要と言っていたので…。

---

(1) あなたが、電通で働きたいと思うようになったのはいつからですか？ また、そのきっかけと理由は何ですか？ (全角400字以内)

大学四年生頃からです。

それまでもぼんやりと広告に興味を持っていましたが、専攻の建築業界で働くつもりでした。しかし、建築を学べば学ぶほど細かい部分にばかり目がいき、考え方が狭くなっていく気がしたので、社会に影響を与えるような、都市を大きく使った提案をし始めたものの、どうもこれは建築の領域では無いと考え始めました。それで、仕掛け人のようなモノになりたいと思い始めたわけです。また、人の意を汲んでモノを作る楽しさを知ったのも大きかったです。とはいえ、そんな仕事があるものだろうか、と悩んでいたところに米SONYの海外版BRAVIAのCMを観てこれだ、と。

これくらい大きなスケールで、都市をびっくりさせるような、そして見方を少しでも変えさせるような仕掛けを作れる会社はどこか？

そういった視点で広告代理店を見ると、国内第一位で海外の代理店とも闘える貴社が目にとまり、ここでなら、と意気込んで貴社で働きたいと思うようになりました。

---

(2) あなたが、他社ではなく電通で成し遂げたい夢は何ですか。 (全角400字以内)

前述のように、まずは都市に大きなスケールの仕掛けを作りたい。

広告はタッチポイントを増やすのが肝だといわれているようですが、そもそも人が出歩かないのでは仕方が無い。動かすこと。歩くことに興味を持たせること、タッチポイントを作る人を作る事が重要だと思います。例えば、ある地点から見ることでひとつの絵になるような、ばらけた広告を配置。そうしたら、絵が完成する地点を探して歩く人がいるかも知れません。その地点に集まる人を見て、その地点が解答としてブログに載って、人がより集まるかもしれません。そこに至る道程にさらに新たな広告を配したら？ 答えを探す人も発信する人も重要です。規模も重要。

どんな人でも好奇心を持っているはずです。ただ程度が人によって違うだけ。最終目標は色々なことに興味を持つ人を多く作り上げる事です。歩かせるのはその第一弾。私は、そういう人のほうが豊かで、良い社会の素になると思います。

---

(3) あなたのキャラクターを教えてください。 (全角200字以内)

一言でいうと、闇鍋。作ることが好きで、雑多な物事を吸収し、それらを混ぜ合わせることで新しいものを産もうとしています。好奇心が燃力でしょうか。不真面目なことを真面目に追求し、どうでもいいことなど無いがモットー。かつ、なるべく人を驚かせようと、変わった見せ方をしようとする天邪鬼めいた部分もあります。担当講師とやりあったのも、トルコのチンピラと闘ったのも、そういうキャラクターのたまものです。

**(4) 質問(3)の内容がより効果的に伝わるようなプレゼンテーション方法を考えてください。
どんな場所でも、何を使っても構いません。** (全角400字以内)

自分の好きな上野公園の交番前広場にとてつもなく大きな鍋を用意して、そこに建築模型・手縫い本・友人のマジシャンのPV・家具・音楽CD・一日一枚以上の落書き…といったこれまで作ってきたものを入れて煮詰めた上に、本・食べ物・音楽CD・旅行先や探検部でとった写真…といった自分の好きなものを入れて煮ること数分。ちょうど良い具合に煮えたら、ちょっと時間を置いてから、綺麗にパッケージ化して皆に振舞います。それが美味しければ大成功。最後に、このプロセスこそが自分のいつもしていることで、入っているものは全て自分に関係のあるものだと告げます。食べるまでのドキドキ感も重要です。

ここで注意しておくべきことは、鍋に入れた上記のものは食材で作った擬似物であり、それらを混ぜ合わせると実は絶対に美味しくなるようにしておくこと。偶然でなく、かなり確実に近い状態で美味しいものができるようにしておくのも信条です。

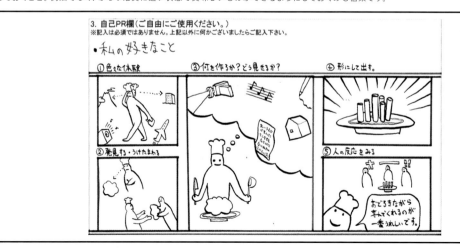

やりたかったことは…できているような気がします。

フェイクはいらない。リアルを知りたい。

フェロールームのホワイトボードを見ると、大体において誰かがどこかへ出かけています。社用車は予約でつねにいっぱい。スマートフォンの画面を眺めているだけであらゆる情報が流れ込んでくる時代にあって、フェロールームのクリエイターたちはライターに限らずさまざまな場所へ自ら出かけ、（最近はリモートでのミーティングも多いですが）人に直接会って話を聞くことを習慣にしています。リアルな「手ざわり」を感じない情報はどこか安心できない、だから自分の目で見るために現地に行き、人から話を聞く。これはフェロールームの企業文化のひとつと言えるのかもしれません。

フェロールームのライターは、何かに取り組むときにまず「知る」ことが先に立ちます。知ることが第一で、表現はその延長線にある、と言っても過言ではありません。プロモーションを行う商品やブランドの一面的な知識から一歩踏み込み、より深い部分まで理解した上で制作を行っていくのがフェロールームのライターの役割です。

そうしたアプローチの代表格と言えるのが「フィールドワーク」という手法です。これは文化人類学の用語から借りた言葉です。単なる取材、インタビューではなく、人の輪に入り、輪の中で育まれている文化を知る

ことを目指したものです。同じ組織の中にあっても、部門が違えば考え方も文化も違います。互いの文化がどういうものか、たとえ隣の部門であっても意外と知らないものです。そこに私たちが入り、話を聞きながらそこにある文化を捉えていくことがフィールドワークの作業です。まさに「知ること」そのものが「表現すること」になっている好例です。

このように現地、現物にこだわる私たちのアプローチは時代遅れでしょうか？いえ、今だからこそ、そうした姿勢が大切なのだと強く感じています。コミュニケーションは巨大な市場となり、世の中はさまざまな情報、さまざまな言葉で溢れかえっています。その内容よりもどれだけ拡散されたかが重要となり、意味は持たないがビジネスのためだけに存在する「情報らしきもの」「言葉らしきもの」が氾濫しています。そうした、何が本当で何がフェイクかわからなくなった時代においては、かつては普通に行われていたリアルの追求も、とてもラディカルで刺激的な行為に映るのではないでしょうか。

massnavi

by マスメディアン

広告・マスコミ・IT業界を目指す学生のための就活応援サービス

マスナビは、マーケティング・デジタル・クリエイティブ・コミュニケーションデザインなど、
新しい当たり前をつくる仕事、未来をもっと面白くする仕事を目指すあなたに、さまざまな機会を提供しています。

MASSMEDIAN

massnaviでは
入学したての
大学1年生から
就活目前の学生まで、
大学生全学年の
キャリアのきっかけを
サポートしています。
未来をもっと面白くする
仕事に就くための
就活のステップを
ご紹介します。

STEP 1
自分のキャリアを考えてみる

将来を考える上で、まずは、"自分について知ってみる"ことを。好きなこと、嫌いなこと。得意なこと、不得意なこと。これまで学校でどんなことをしてきたか、これまで歩いてきた道のり。自分を振り返り、適性を知ると、自然とキャリアビジョンが湧いてきます。

STEP 2
先輩のキャリアに触れてみる

業界の最前線で活躍する若手から大ベテランの先輩まで、さまざまな人のキャリアに触れることで、より具体的に進むべき方向性が見出だせます。massnaviでは、内定したての身近な先輩も含め、業界を牽引する大先輩まで、いろいろなキャリアを知るイベントやインタビューコンテンツを展開しています。

STEP 3
業界・職種について詳しく知る

まずは業界の理解と職種を知ることが大切です。「仕事の流れ」「お金の流れ」「なりたち」など基本から業界を理解すること、職種ごとに求められる能力を理解し"自分に合う仕事とはなにか"を発見することが、理想のキャリアに近づく一歩となります。

STEP 4
実際に体験してみる

インターネットや人伝えの情報に振り回されないために、実際に体験することは大事です。自ら頭や手を動かし学びを得られるワークショップや、企業によるインターン体験など、massnaviの取り組みから今なにを準備すべきかが見えてくるかも。アイデアの見つけ方やスキルの磨き方など、頭に汗かくクリエイティブな体験は、仕事への憧れや理解を深めます。

STEP 5
企業について知る

"なぜ、その企業で働きたいのか、働く上でなにを重視するのか"よく考えてみましょう。イベントや説明会に参加して、直接仕入れる情報は、新鮮かつ貴重です。インターネットの情報に加えて、できる限り自分の五感を駆使し生きた情報を得ることが、企業を理解する上で価値のある情報となりえます。

STEP 6
選考について知る

選考を受ける上でも準備が大切です。模擬面接やワークショップ体験、業界特有のクリエイティブテストや筆記試験など、すべてのプロセスに対策を講じましょう。

STEP 7
選考を受ける

筆記試験ではSPI、語学力テスト、作文（小論文）などが主流ですが、一方で、グループワーク、グループディスカッション、グループ面接など、多数の中の立ち回りから、その方の人柄を見ることもあるようです。志望する企業がどんな選考方法をとっているのか、情報を十分に集め準備して、広告会社のプレゼンと同様に、戦略的に内定を勝ち取りましょう。

年間100回以上の業界研究セミナー・イベントを実施
有名クリエイター・経営者・大手広告会社の採用担当・若手社員・内定者など業界人の話を聞けるセミナーを多数開催。オンラインライブ、オンデマンド配信も多数行っています。

適職診断・職種解説など、広告業界の仕事を詳しく知ることができるコンテンツを公開中
自分に合った仕事を見つけるためのコンテンツも数多くご用意しています。

大手広告会社・テレビ局の内定者へのインタビュー記事を会員限定で公開
内定者への最新インタビュー記事を会員限定で公開。選考突破に直結する「就活のコツ」を多数ご紹介しています。

ほかにはない、マスナビ限定の求人も多数掲載
広告会社の求人だけではなく、誰もが知る大手メーカーのマーケティング職や、著名なクリエイティブエージェンシーのコピーライター職など、ほかの就活サイトにはない、マスナビ限定の採用情報が盛りだくさん。

JAAA（日本広告業協会）やJDLA（日本ディープラーニング協会）など業界を牽引する主要団体との講座もマスナビだけ！
本格的な就活前に、キャリアを考えるきっかけになったり、スキルを身につけたりするための講座も開催。アーカイブ配信中です。

就職準備はここからスタート

マスナビBOOKS

改訂版
広告のやりかたで就活をやってみた。

ロングセラーの就活本が、改訂版としてさらに充実！
もし、就活中の学生がマーケティングを学んだら？ 大手広告会社のプランナーが、
広告のステップに沿って就活を徹底検証。すべての業界で使える就活に大切なポイント
「ツボ20」を紹介する。改訂版では、新しいツボを2つ加え、さらにパワーアップ！
選ばれるための伝わるコミュニケーションとは？

小島雄一郎 著
本体：1,400円＋税　ISBN 978-4-88335-423-8

なぜ君たちは就活になるとみんな
同じようなことばかりしゃべりだすのか。

なぜ君たちは、就活になるとみんな同じようなことばかりしゃべりだすのか。
そんな疑問を抱いた6人の広告プランナーがつくり上げた
自己分析や面接対策の実践本。
ジブンの本当の価値を伝える技術を指南します。

小島雄一郎、笹木隆之、西井美保子、保持壮太郎、吉田将英、大来優 著
本体：1,400円＋税　ISBN 978-4-88335-323-1

ザ・就活ライティング
20歳からの文章塾

書けない人を書ける人にする本、誕生。マスナビの人気文章講座「黒澤塾」が書籍化！
著者が文章講座を通して感じた、学生がつくる文章の良し悪しを
具体的に解説し、エントリーシートのコツや、文章作成のノウハウを伝える。
書きたいことの半分も書けない就活生へ。最初のステップ、
ES・作文で消えないために。元博報堂コピーライターが、その文章術を教える。

黒澤晃 著
本体：1,200円＋税　ISBN 978-4-88335-369-9

これから、絶対、コピーライター

コピーライターになりたい人を、コピーライターにする本。
あの広告会社で、多くのコピーライターを採用、発掘、教育した著者が
門外不出であったコピーライターになるための方法を初公開。
コピーライターのすべてがわかる入門書。

黒澤晃 著
本体：1,400円＋税　ISBN 978-4-88335-344-6

編集・監修：マスメディアン マスナビ編集部　発行：宣伝会議

マスナビBOOKS

改訂版 就活、転職の役に立つ
デジタル・ITに業界がよくわかる本

全ページのデザインを一新し、より見やすく、よりわかりやすく、
デジタル・ITの知識を紹介しています。また、令和時代に合わせて、新たに情報を加筆。
デジタル・ITの最新トレンドや、グーグルやアップルなど大手IT企業のビジネスモデル、
2020年最新の動向を取り上げています。学生向け就活本としてはもちろん、
若手社会人の学習にも役立つ、ビギナーにこそ読んでほしい一冊です。

志村隆一 著
本体：1,200円＋税　ISBN 978-4-88335-491-7

就活でどうしても会いたいテレビ人24人への
OB・OG訪本

ちょっとやそっとじゃ会えない凄い先輩方へのインタビューを敢行し、
本を通じてのOB・OG訪問を実現。今回は、NHK、日本テレビ、TBS、
テレビ東京、フジテレビ、読売テレビ、北海道テレビ、テレビ埼玉、TOKYO MXで
あの人気番組を制作する24人のテレビ人に、学生時代の就職活動、
テレビの仕事、テレビへの思い、テレビのこれからを聞きました。

一般社団法人 未来のテレビを考える会 編著
本体：1,400円＋税　ISBN 978-4-88335-347-7

就活でどうしても会いたい編集者20人への
OB・OG訪本

ベストセラー・ヒット作をつくる編集者には、共通点があった!?
雑誌、本、マンガ、ネットニュース、それぞれの分野で注目を集める編集者にインタビュー。
ブームを生み出す裏側や、転換期の出版業界で求められる
新しい編集者の在り方について迫りました。
編集者の仕事を、わかっているつもりのあなたに読んでほしい。

マスメディアン マスナビ編集部 編
本体：1,400円＋税　ISBN 978-4-88335-370-5

就活でどうしても会いたい起業家24人への
OB・OG訪本

24人の起業家があなたの背中を押してくれる本。
さまざまな業界で活躍する起業家にインタビュー！
よくある起業のノウハウ本ではなく、起業家としてのメンタリティについて
触れたはじめての本です。「社会を変革したい」「何かを成し遂げたい」
「その何かが見つからない」と思っている学生に読んでほしい一冊。

マスメディアン マスナビ編集部 編
本体：1,400円＋税　ISBN 978-4-88335-371-2

編集・監修：マスメディアン マスナビ編集部　発行：宣伝会議

クリ活2　プランニング・コピーライティング編

発行日　2021年2月1日　初版第1刷

監修　　　　　　　　　株式会社マスメディアン
編著　　　　　　　　　尾上永晃
編集　　　　　　　　　マスナビ編集部
アートディレクション　井本善之
デザイン　　　　　　　佐藤光/高橋里衣/井口博/稲垣弘行/三俣智
　　　　　　　　　　　小木野圭悟/大森廉/長谷川愛美/山口祐基

発行者　　　　　　　　東彦弥
発行所　　　　　　　　株式会社宣伝会議
　　　　　　　　　　　東京本社　〒107-8550　東京都港区南青山3-11-13
　　　　　　　　　　　TEL:03-3475-3010(代表)
　　　　　　　　　　　https://www.sendenkaigi.com/
印刷・製本　　　　　　日経印刷株式会社

ISBN978-4-88335-503-7

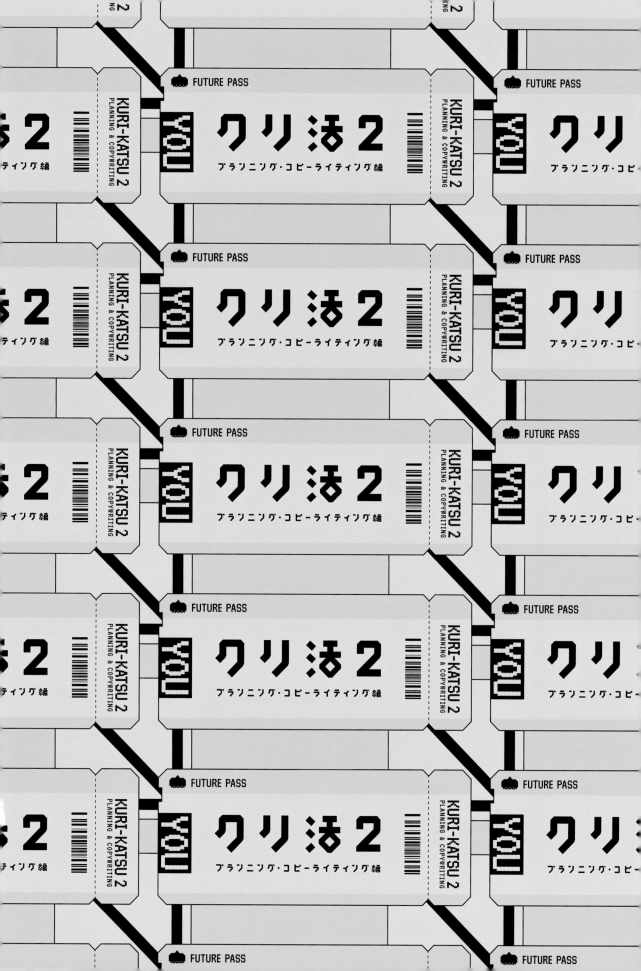

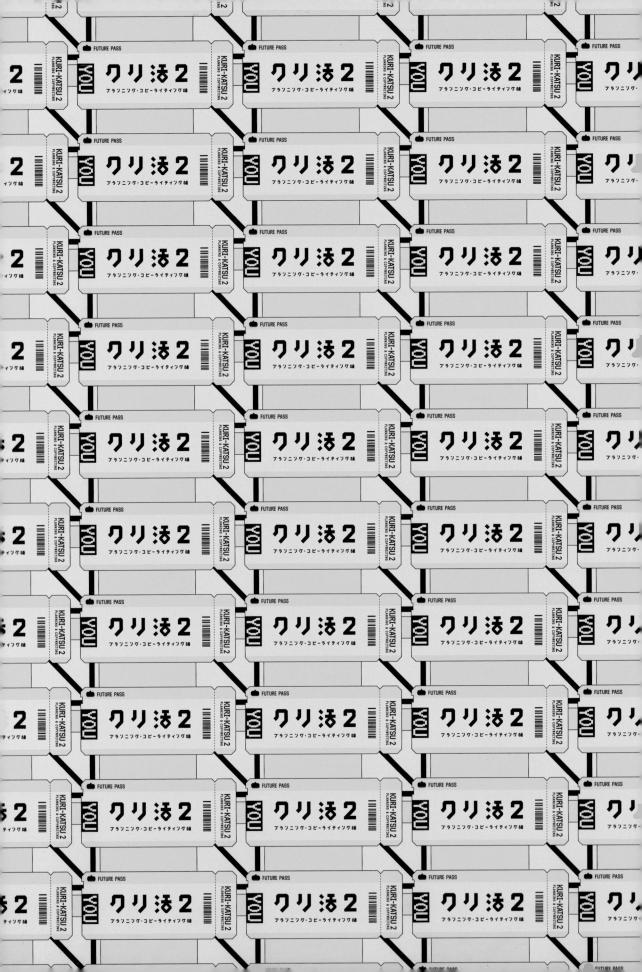